Mihály Hoppál

Schamanen und Schamanismus

MIHÁLY HOPPÁL

SCHAMANEN

UND SCHAMANISMUS

Pattloch

Die Deutsche Bibliothek – CIP – Einheitsaufnahme

Hoppál, Mihály:
Schamanen und Schamanismus / Mihály Hoppál.
[Aus dem Ungar. von Hans Skirecki].
Augsburg: Pattloch, 1994
ISBN 3-629-00646-9
NE: HST

Lizenzausgabe für Pattloch Verlag, Augsburg
im Weltbild Verlag Gmbh, 1994

Originalausgabe: *Sámánok – Lelkek és jelképek*. Helikon Kiadó, Budapest 1993
Aus dem Ungarischen von HANS SKIRECKI

Titelgestaltung: Ruth Gnosa
Bildauswahl: Mihály Hoppál und András Nagy
Zeichnungen von Anna Illés und András Nagy unter Verwendung der Quellen

Printed in Hungary, Kner Printinghouse, Gyomaendrőd
ISBN 3-629-00646-9

Inhalt

Vorwort

Er erkannte,
daß sie vor allem Priesterin war,
und das half ihr,
eine gute Heilerin zu sein.
NOAH GORDON / *Der Schamane*

Schamanismus ist in der westlichen Welt zu einem Zauberwort geworden. Was ein Schamane ist, wußten vor zwanzig Jahren nur die wirklich „Eingeweihten", nämlich die Völkerkundler und Religionswissenschaftler. Der dem Schamanen verwandte Medizinmann fristete damals ein bescheidenes literarisches Dasein bei James Fenimore Cooper oder Karl May.

Wie sehr sich die Zeiten gewandelt haben, entnimmt man am besten den Neuheitenkatalogen des Buchmarktes. Ein Buch wie „Den Schamanen in sich entdekken" von Eligio Stephan Gallegos kann mit einer großen Leserschaft rechnen. Dieses nicht untypische Buch zeigt aber auch, in welcher Perspektive der Schamanismus inzwischen rezipiert wird. Gallegos ist Psychotherapeut und Psychologieprofessor. Sein Buch steht gewissermaßen für Phase drei der Beschäftigung mit dem Schamanismus – für die Transformation des Phänomens ins innerseelische Allgemeine.

Wenn Gallegos Phase drei markiert, dann steht Noah Gordons Roman „Der Schamane" – einer der größten Bestseller der vergangenen zehn Jahre – für die zweite Phase. Gordons großangelegter literarischer Entwurf kreist um das Aufeindertreffen zweier Heil-Kulturen: der westlich-rationalen und der schamanisch-mystischen. Rob J. Cole, ein Landarzt in Illinois, begegnet der Sauk-Indianerin Makwa-ikwa und ist fasziniert von ihrer Fähigkeit zu heilen: „Ihr Volk betet Sewanna, den Hauptgott, und andere Manitus an, und sie erzählt ihm von den alten Riten. Er erkannte, daß sie vor allem Priesterin war, und das half ihr, eine gute Heilerin zu sein. Sie wußte alles über die Arzneipflanzen, die in der Gegend wuchsen, und von ihren Zeltstangen hingen Büschel getrockneter Heilkräuter. Er nah ihr einige Male zu, wie sie die Sauks behandelte. Zuerst kniete sie sich neben den kranken Indianer und spielte leise auf ihrer Trommel, die aus einem zu zwei Dritteln mit Wasser gefüllten und mit einer gegerbten, dünnen Tierhaut bespannten Tonkrug bestand. Sie rieb das Trommelfell mit einem gebogenen Stab. Dabei entstand ein leiser, dumpf dröhnender Ton, der mit der Zeit eine einschläfernde Wirkung hatte. Dann legte sie beide Hände auf den zu heilenden Teil des Körpers und sprach zu dem Kranken in ihrer Sprache. Rob erlebte, wie sie auf diese Weise einem jungen Mann die Wirbelsäule wieder einrenkte und die Knochenschmerzen einer alten Frau linderte. ‚Wie läßt du mit deinen Händen den Schmerz verschwinden?' Sie schüttelte den Kopf. ‚Kann ich nicht erklären.' "

Es ist nicht schwer, darüber zu spekulieren, warum das Buch von Gordon (und das Thema Schamanismus überhaupt) zu einem Welterfolg wurde. Obwohl das Phänomen des Schamanismus die Beschränkung auf den Sektor des Heilerischen nicht zuläßt, so ist es doch genau dieser Aspekt, auf den sich das neuerwachte Interesse primär konzentriert. Die ganze westliche Medizin, die auf einer methodi-

1. Nanai. Die greise Schamanin Lindza Beldi ruft bei einem Fest mit Gesang und Trommel die Geister. Das Foto entstand 1993 in dem Dorf Daerge am Amur *(gegenüber)*.

schen Trennung nicht nur von ihren priesterlich-kultischen Anfängen, sondern auch von der jahrtausendealten weisheitlichen Erfahrung der Heilkundigen beruht – diese westliche Medizin ist in die bedeutendste Krise ihrer Geschichte geraten. Immer mehr Menschen betrachten das System ihrer überzüchteten Apparate und ihrer hochdifferenzierten Chemie mit Mißtrauen, seit es sich herumspricht, daß man innerhalb seiner Schranken in vielen Fällen nicht nur nicht gesund, sondern sogar noch kränker werden kann. Die einstige Ignoranz gegenüber den „Primitiven Heilern" ist einer hochachtungsvollen Neugier gewichen. Im Fall der Schamanen bezieht sich diese Neugier auf die typische Mischung, die schamanisches Heilen auszeichnet: Heilen aufgrund von Naturkenntnis – und Heilen aufgrund spiritueller Kraft.

Über Schamanen und Schamanismus ist in des letzten Jahre soviel dunkles Geraune und barer Unfug publiziert worden, daß es dringend geboten erscheint, das Phänomen mit objektiv ausgerichterer Wahrnehmung und in seinen Ursprüngen aufzusuchen. Dies geschieht in diesem Buch – und zwar auf eine spektakulären Weise. Material von höchstem dokumentarischen Wert wird hier größtenteils erstmalig der Öffentlichkeit vorgelegt. Der Autor, der es in jahrzehntelanger Arbeit aufgestöbert und ausgegraben hat, ist in der Welt ethnographischer Forschung durchaus kein Unbekannter; Mihály Hoppál fungiert zur Zeit als Präsident der *International Society for Shamanic Research.*

„Strenggenommen", so definiert die Religionswissenschaft, „ist der Schamanismus keine Religion, sondern ein Ganzes von ekstatischen und therapeutischen Methoden, die alle das eine Ziel verfolgen, den Kontakt herzustellen zu jenem anderen parallel existierenden, jedoch unischtbaren Universum der Geister, um deren Unterstützung für die Besorgung der menschlichen Belange zu erwirken. Obwohl sich der Schamanismus praktisch in den Religionen aller Kontinente und auf sämtlichen kulturellen Ebenen nachweisen läßt, hat er ‚Zentral- und Nordasien zu seinem auserwählten Land' (Jean-Paul Roux) gemacht."* Was Mihály Hoppál in diesem ebenso bilder- wie kenntnisreichen Buch vorlegt, sind im Grunde genommen nie gesehene Erkundungen in das „auserwählte Land" des Schamanismus.

Ein Großteil der Zeichnungen und Abbildungen entstammt den lange verschlossenen Archiven des untergegangen Sowjet-Imperiums. Mihály Hoppál: „Der Kommunismus sah im Schamanismus ebenso wie in anderen Religion eine Manifestation feindlicher Ideologie; deshalb lagen die vielleicht wertvollsten und reichsten Sammlungen der Welt brach und waren der Forschung verschlossen. Als ich in dem gnadenlos strengen russischen Winter mit Mütze und Mantel in den Räumen des Ethnographischen Instituts ... saß und in dem handgeschriebenen Fotokatalog stöberte, wurde mit bewußt, daß dieses kostbare Material bisher kaum beachtet wurde. Dabei bietet dieser Nachlaß den kleinen, von ideologischer Unterdrückung und kulturellem Imperialismus befreiten Völkern Sibiriens die Möglichkeit, ihre geschichtliche Vergangenheit und ihr kulturelles Erbe kennenzulernen. Aber wir wollen nicht ungerecht sein: letztendlich ermöglichten uns die bis zu Peter des Großen zurückreichende Kunstsammeltradition und die museale Abgeschlossen

* Mircea Eliade und Ioan P. Couliano: *Handbuch der Religionen.* Zürich und München 1991, S. 176.

2. Orotschen. Doppelter Schamanenbaum vor einer Rundjurte der Nomaden in der Nähe des Tatarischen Sunds am Fluß Idi

3. Ultscha. Schamanenbaum *(toru)* am Amur. Solche Bäume wurden stets vor dem Schamanisieren aufgestellt. Auf dem Baum Seelenvögel

heit, die alten Gegenstände und Reliqien heute in die Hand zu nehmen und zu bewundern …

Unser Buch ist das Ergebnis einer langen Reise – einer Reise im schamanischen Sinn; denn es möchte vermitteln: zwischen der unbekannten Welt der Schamanen und dem ‚weißen Mann', zwischen den längst verstorbenen und den heute tätigen Schamanen; zwischen der Abgeschlossenheit der Archive und einer aufgeschlossenen Leserschaft; zwischen Altem, vorgestellt in historischen Bildzeugnissen, und Neuem, zwischen Vergangenheit und Gegenwart. Und Vermittler möchte es auch sein zwischen weit voneinander entfernten Kulturen; deshalb widme ich es in Zuneigung und Hochachtung einem betagten Mandschu-Schamanen" (aus dem Vorwort des Autors in der ungarischen Ausgabe des Buches).

Einleitung

Was ist Schamanismus?

Innerhalb einer Kultur sind es in erster Linie die religiösen Erscheinungen, die auf spezifische Weise das Leben eines Volkes oder einer Volksgruppe charakterisieren. In jeder Kultur findet sich ein traditionelles Glaubenssystem, das gleichsam als inneres Programm die rituellen Bränche und Handlungen des Alltags und der Feste regelt.

Als Schamanismus bezeichnen wir das uralte religiöse Glaubenssystem der Bewohner Sibiriens und Innerasiens. Zentrale Gestalt dieses Systems ist der Schamane, der symbolisch zwischen der Welt der Menschen und einer gedachten Welt der Geister oder Seelen wermittelt. Manche Definitionen geben als wichtigstes Merkmal des eurasischen Schamanen an, daß er imstande ist, bewußt eine Ekstase auszulösen, die ihn in einen veränderten Bewußtseinszustand versetzt; er ist, kurz gesagt, ein Meister der Ekstasetechnik.[1] Bei diesem mit Visionen erfüllten symbolischen Reiseerlebnis vermittelt die Seele des Schamanen zwischen den Welten.

Nach anderen Definitionen sind das Reisen in transzendentale Welten und die Fähigkeit zur ekstatischen Kommunikation die hervorstechenden Eigenschaften des Schamanen, allerdings mit der Einschränkung, daß die Seelenreise stets zu einem bestimmten Zweck erfolgt, indem nämlich einem Mitglied der Gemeinschaft geholfen werden soll.[2] Immer hat der Schamane das Ziel, eine Krisensitutation zu lösen, wobei er das damit verbundene Leid in Kauf nimmt – anschaulich symbolisiert dies ein Bild aus einer sibirischen Reisebeschreibung vom Ende des 18. Jahrhunderts, das einen Schamanen zeigt, der einen Pfeil durch seinen Körper zieht.[3]

Die Wissenschaftler sind sich zwar nicht über die Definition des Schamanismus einig, wohl aber darüber, daß der nördliche und zentrale Teil Eurasiens zwischen Lappland und der Koreanischen Halbinsel als klassisches Territorium dieses religiösen Phänomens anzusehen ist. Das Bildmaterial unseres Buches umfaßt diese Zone, was aber nicht bedeutet, daß es anderswo auf der Erde keine mit dem eurasischen Schamanismus vergleichbare Erscheinungen gäbe.

Unser Band stellt insbesondere den Schamanismus der Völker der ural-altaiischen Sprachfamilie vor, zu der die Lappen (Samen), die Samojeden und die Ob-Ugrier (die Wogulen/Mansen und Ostjaken/Chanten) gehören; daneben beschäftigen wir uns mit den ihnen benachbarten paläosibirischen Völkern – den Keten, Korjaken, Tschuktschen und Jakugiren –, ferner mit verschiedenen türkischen Völkern: den Altaiern und den sibirischen Jakuten, mit den mongolischsprachigen Burjaten und schließlich mit den fernöstlichen Völkern, die mandschutungusische Sprachen sprechen (Ewenken, Nanai); den in China lebenden Mandschu und den Koreanern.

Der international gebräuchliche Terminus *Schamane* ist mandschu-tungusischen Ursprungs und gelangte über das Russische in den ethnologischen Wortschatz. Das ursprüngliche tungusische Wort šaman *(xaman)* leitet sich von dem Verb *scha-*, „wissen“ her, *schaman* heißt also jemand, der weiß, wissend, ein Wissender ist. Nach manchen etymologischen Erklärungen kam das Wort aus dem Sanskrit durch chinesisch-buddhistische Vermittlung ins Mandschu-Tungusische. (Im Pali bedeutet *schamana*, im Sanskrit *śramana* soviel wie „buddhistischer Mönch, Asket“. Der

4. Oiratischer Schamane aus dem südlichen Altai, Ende der zwanziger Jahre. Das weiße Pferd im Hintergrund verleiht dem Bild eine Märchenstimmung.

Zwischenterminus lautete im Chinesischen *sha-men.*) Bei den sibirischen und zentralasiatischen Völkern erhielt sich natürlich auch die örtliche Benennung des Schamanen. Sie war bei den altaischen Türken *kam*, bei den Jakuten *ojon* (und für eine Schamanin *udujan*), bei den Burjaten *böö*, den Mittelasiaten *bakshi*, den Samojeden *tadibe*, den Lappen *noita*, den Finnen *tietöjö* und den Ungarn *táltos*.

Der Usprung des Schamanismus

Aufgrund rätselhafter Szenen in koreanischen Felszeichnungen nehmen manche Forscher (Leroi-Gourhan, Campbell)[4] an, daß sich der Schamanismus vor mehreren zehntausend Jahren herausgebildet hat.

Die Bestimmung der Entstehungszeit der Felszeichnungen führt zu ziemlich unsicheren Ergebnissen. Deshalb läßt sich eher nur theoretisch darauf schließen, daß sich in den Jägerkulturen des späten Paläolithikums durch soziale Funktion und Arbeitsteilung – und nicht zuletzt durch die Bekanntschaft mit Pflanzen und Pilzen, die Halluzinationen auslösen – in Horden mit geringer Kopfstärke der Wirkungskreis eines intellektuellen Anführers entwickelte.[5] In dieser frühen Zeit war der Animismus für die Jägerkulturen kennzeichnend. Der Animismus stattete die gesamte Natur, also alles Lebende und Leblose, mit einer Seele aus; daran knüpfte dann der Glaube an, man müsse den bei der Jagd getöteten Tieren ihre Seele zurückgeben, weshalb von Zeit zu Zeit Tier-Zeremonien veranstaltet wurden, die die Kräfte der Natur versöhnen sollten.

Die unter dem Eindruck der Visionen erlebte „Seelenreise“ war die Quelle für den Glauben, der Mensch habe zwei Seelen: die eine steht mit dem Körper, dem Leben in Verbindung und verläßt den Körper erst mit dem Tod; die andere nimmt man wahr, wenn sie sich im Zustand des Schlafes bzw. der Ekstase entfernt. Diese Seelenzweiheit, die Tier-Zerenomien an den Felsen mitsamt der Seelenreise, halten verschiedene Forscher für die Grundelemente des im Paläolithikum wurzelnden eurasischen Schamanismus.[6] Andere wieder berufen sich auf archäologische Funde und wesentlich spätere Felszeichnungen und setzen die Entstehung des Schamanismus erst für die sibirische Bronzezeit an.[7] Naturgemäß bestehen erhebliche Unterschiede zwischen der Lebensweise und dem Schamanismus der Fischer und Jäger der Taiga oder der Steppennomaden, noch stärker aber der nomadisierenden Rentierzüchter im Norden. Hinzu trat zu alledem im Lauf der Jahrhunderte der Einfluß der großen „schriftkundigen“ religiösen Traditionen, der besonders dem Schamanismus der südsibirischen Nomadengesellschaften anzumerken ist – wir denken in erster Linie an die Wirkungen des Buddhismus, des Lamaismus und des Islam. Der Veranschaulichung der typologischen Unterschiede und Ähnlichkeiten dient in unserem Buch die Ordnung des Materials nach Völkern.

Schamanen-Mythologie

Einen wichtigen Teil der Erscheinungssphäre des Schamanismus bildet die narrative Überlieferung, die sich der Schamane in der Zeit des Lernens, der „Einweihung“ (Initiation) aneignen muß. Obgleich von Kultur zu Kultur große Unterschiede zu

5. [A–B] Schamanenbilder in einer Felszeichnung
[A] Menschengestalt mit dem Kopf eines Vogels, vielleicht eines Adlers. Damit wird ausgedrückt, daß der Schamane ein Wesen ist, das „fliegen“ kann.
[B] Schamanen mit Bärenmaske hatten auch die nordamerikanischen Indianer. Aus einer jakutischen Sammlung

[C] Totemistische Darstellung eines Schamanen-Ahnen aus der Bronzezeit, Gegend um Perm

beobachten sind, gibt es in der Glaubenstradition des Schamanismus einige allgemeine Wesenszüge, denen man in breitem Umfang begegnet. Strukturelle Übereinstimmungen weisen vor allem das Weltenbild und der Geisterglaube auf.

In der schamanischen Kosmologie ist das Universum dreigeteilt; es gliedert sich in eine obere, eine mittlere und eine untere Welt. Dieses dreifach strukturierte Weltmodell zeigt sich in den bildlichen Darstellungen der Schamanentrommeln. Die obere und die untere Welt, die Welt der Geister, zerfällt in weitere Schichten. Die mittlere Welt ist der Wohnsitz des Menschen, in dessen Mitte, im Nabel der Erde, ein riesiger Baum aufragt, eine himmelhohe Säule, die Weltensäule oder der Weltenberg. Diese vertikale Achse verbindet die Welten miteinander. Der Durchgang zwischen den Welten befindet sich an einer Öffnung am Polarstern. Den ganzen Sternenhimmel – die obere Welt – dachte man sich als ein großes Zelt, wo der Zeltmast eine kosmische Säule war, die mit der Milchstraße identifiziert wurde. Diese Säule oder diesen Berg oder diesen himmelhohen Baum, die die Welten verbinden, verkörpert der Schamanenbaum.

Den anderen großen Bereich der schamanischen Glaubenswelt bilden das Götterpantheon und die Gruppen der verschiedenen Geister – alle drei Weltenschichten nämlich sind von Göttern und Geistern besiedelt. Die türkischen und monoglischen Völker glauben an einen oberen Himmelsgott, der gutmeinend und hilfswillig ist und der sieben Söhne und neun Töchter hat. Der Beherrscher der unteren Welt ist bösartig, er schickt den Menschen Not und Krankheiten.

Viel wichtiger als die Götter sind in der Glaubenswelt des Schamanismus die Geister. Sie spielen bei zwei Anlässen eine wesentliche Rolle: bei der Weihe des Schamanen und bei den Zeremoniellen, den in Ekstase eintretenden Erlebnisvisionen. Schon der vor der Weihe stehende Schamanenanwärter muß seinem Hilfsgeist in Gestalt eines oder mehrerer Tiere (z. B. Wolf, Bär, Rabe und Möwe) begegnen; bei

6. [A] Schamanentrommel der Sölkupen. In der Mitte der himmelhohe Weltenbaum, der die Welten verbindet. An der Trommel typische Sonnen- und Monddarstellung
[B] Altaiische Trommel mit Weltenbaum-Geistergötze. Oben die Himmelsschichten und Sterne, rechts unten der Schamane, der selbst eine solche Trommel schlägt
[C] Opfer-Ren, an einen Schamanen-Weltenbaum gebunden. Sölkupische Trommel

den Ob-Ugriern kann er die Gestalt von siebenerlei Tieren annehmen. Dieser Geist geleitet ihn helfend über den von vielfältigen Leiden geprägten Weg des Initiationszeremoniells, und sein Erscheinen signalisiert, daß der zu Weihende tatsächlich von den Geistern für die Aufgabe ausgewählt worden ist.[9]

Es gibt geerbte Geister, die dem Schamanen nicht nur helfen, sondern mit ihrem Schützling auch erotische Beziehungen unterhalten (wie z. B. der Geist *ajami* bei den Nanai). Die Vorstellung von Hilfsgeistern ist ein besonders wichtiges Element der Schamanenmythologie: Der Hilfsgeist begleitet den Schamanen auf seinen Wegen im Jenseits. Sie ist ein konstitutives Merkmal des eurasischen Schamanismus.

Die Rolle des Schamanen

Der Schamane sieht seine Kraft und sein Wissen stets als soziale Funktion.[10] Welches sind die wichtigsten Funktionen, die er übernehmen konnte? In den verschiedenen Kulturtypen erwarteten ihn mannigfaltige Rollen, und natürlich besaß der eine Sippe lenkende Schaman in einer kleinen Gemeinschaft aus Fischern und Jägern ein anderes Gewicht als die obersten Hofschamanen in den großen Reiternomadenreichen. Kurz gesagt gehörten die folgenden sozialen Rollen und Aufgaben in den Wirkungsbereich der eurasischen Schamanen: 1. praktischer und geistiger Führer der Sippe (Hüter des ethnischen Bewußtseins), 2. „Opferpriester“, 3. „Seelenführer“, 4. Kenner der Weissagungen, 5. Heiler, 6. Dichter, Sänger, Hauptfigur im Drama des schamanischen Aktes. Wir wollen anhand einiger konkreter Beispiele die Haupttypen der eurasischen Schamanen kennenlernen.

Da in manchen Gegenden Sibiriens (z. B. bei den Jukagiren und den Ewenken) der Klan die organisatorische Hauptkraft des sozialen, wirtschaftlichen und religiösen Lebens war, knüpfte hier auch die Institution des Schamanismus an ihn an. Das Schamanentum vererbte sich innerhalb der Sippe, der neu initiierte Schaman erhielt seine Kraft von seinem Vorfahren und hielt so die Verbindung zwischen den lebenden und den verstorbenen Mitgliedern der Verwandtschaft. Er war eine symbolische Klammer und wurde auf diese Weise zum faktischen Führer der kleinen Gemeinschaft; er heilte, er weissagte, er schützte mit Zauber- und Beschwörungsgesängen und -gebeten die Sippenmitglieder.

Die ältere Fachliteratur (des beginnenden Jahrhunderts) betonte die funktionelle Parallele zwischen dem Schamanen und dem Geistlichen, insbesondere dem Typus des katholischen Priesters. Eine äußerliche Ähnlichkeit besteht in der Tat, denn zu den häufigsten Tätigkeiten des Schamanen gehörte die Darbringung der verschiedenartigsten Opfer. Zu den spektakulärsten Opferungen gehörte es, den Göttern Tiere darzubieten. Das beschreiben auch frühe Geschichtsquellen, wenn sie im Zusammenhang mit dem Hof Möngke Khans, des Oberhauptes des großmongolischen Reiches, erwähnen, daß der Oberschaman die Aufgabe hatte, die großen Opferfeste im Frühling und im Herbst zu organisieren.[11] Wir zitieren aus der Schilderung eines Pferdeopfers zu Beginn des 19. Jahrhunderts, das dem Himmelsgott Bai-Ülgön bei den altaiischen Türken dargebracht wurde:

„Der erste Abend ist den Vorbereitungen gewidmet, der Schamane (der Kam*) wählt einen Platz aus, wo eine Jurte und in der Mitte eine ihrer unteren Äste beraubte junge*

*Birke aufgestellt wird, deren obere Zweige aus der oberen Öffnung der Jurte ragen. Um die Jurte wird eine Birkeneinfriedung errichtet, und als Eingang werden dickere Birkenstöcke eingeschlagen, an denen man verknotetes Pferdeschwanzhaar bindet. Danach wählt man ein Pferd mit heller Farbe aus, das der Schamane einem der Anwesenden anvertraut, der den Halfter hält. Auf dem Rücken des Pferdes schüttelt der Schamane einen Birkenzweig, um die Seele des Tieres dazu zu zwingen, daß sie sich entfernt, und das gleiche tut der, den Kopf hält' (*bastutkan-kisi*); denn die Seele dieser Person wird die Seele des Tieres die ganze Reise über begleiten.*

*Hierauf kehrt der Schamane in die Jurte zurück, wo er seine Trommel in den Rauch über dem Feuer hält und die Hilfsgeister auffordert, in die Trommel einzutreten, um bei dem Flug in den Himmel behilflich zu sein. Auf einem Idol in der Gestalt einer Gans sitzend, imitiert er den Flug sowie die Werfolgung der Pferdeseele (*pura*), wobei er wiehert und schnattert. Nachdem er die Seele des Pferdes eingefangen und beräuchert hat, wird das Pferd getötet. Das Fell und die Knochen werden an eine lange Stange gehängt, das Fleisch wird verzehrt.*

*Am nächsten Abend – und dies ist der wichtigste Teil der Zeremonie – zeigt der Schamane seine wirklichen Fähigkeiten, indem er eine ekstatische Reise an seine himmlische Wohnstätte Bai-Ülgön unternimmt. Nachdem er den Geistern der Trommel Pferdefleisch dargeboten und die in der Jurte Anwesenden, beim Familienoberhaupt beginnend, gereinigt hat, fängt er an, die Hilfsgeister zu rufen. Er umrundet mehrere Male die in der Jurte befindliche Birke, an der sich neun Stufen (*tapty*) befinden. Stufe für Stufe steigt er höher und berichtet, was er in der Himmelsschicht sieht. In Ekstase erzählt er, wie anstrengend das Reisen ist – er ruft neuerlich den Gans-Geist zu Hilfe und begegnet dem großen schwarzen Vogel (*karakus*). Im fünften Himmel hört er Prophezeiungen, die er an die Anwesenden weitergibt, im sechsten verneigt er sich vor dem Mond, im siebenten grüßt er die Sonne, im neunten Himmel schließlich (ein Schamane mit größerer Kraft steigt bis zum zwölften Himmel) trifft er Bai-Ülgön. Jetzt läßt er seine Trommel fallen und bittet ihn respektvoll, er möge ihn vor dem bösen Geist schützen, dann erkundigt er sich, ob er das Opfer angenommen habe und welch anderes Opfer der Gott erwarte, ferner, wie das Wetter sein werde. Diese Episode bildet den Höhepunkt der Ekstase: der Schamane sinkt in sich zusammen und fällt kraftlos nieder. Der Helfer hebt jetzt die Trommel auf. Nach einiger Zeit reibt sich der reglose Schamane die Augen, als erwache er aus tiefem Schlaf, und begrüßt die Anwesenden.*“[12]

Im Fotoarchiv des Nationalmuseums in Helsinki stießen wir auf das Bild eines altai-türkischen Schamanen, der sich darauf vorbereitet, einen Schimmel zu opfern. Unter den unveröffentlichten Fotos des Ethnographischen Instituts der St. Petersburger Akademie findet sich eine komplette Serie, in der ein saghaischer Schamane ein Zeremoniell leitet, bei dem ein dunkles Pferd geopfert wird (vgl. Bild 76). Wenngleich manche Forscher das Pferdeopfer mit indoeuropäischen Kultureinflüssen erklären und für eine relativ späte Übernahme halten[13], ist doch sicher, daß in irgendeiner Form Tieropfer ein auffälliges Element des eurarischen Schamanismus sind.

Zu den Aufgaben des Schamanen gehörte es auch, den Mitgliedern der Gemeinschaft die Zukunft vorherzusagen. Dies war eine der Proben, denen er sich zu unterwerfen hatte. Schon der holländische Franziskaner W. Ruysbroek berichtete so über Seher und Schamanen aus dem 18. Jahrhundert: „Unter ihnen sind welche, die Geister beschwören, und andere, die die Antwort von den Dämonen erwarten…

7. Pferdeopfer. Der weiße Hengst wird dem Himmel geopfert. Die Opferung hielt Stankewitsch 1889 in einem Gemälde fest; Tatsache ist, daß das Ritual bei den Abakan-Tataren, das traditionell vom Schamanen (kam) geleitet wurde, noch in den ersten Jahrzehnten des 20. Jahrhunderts lebte.
8. In die Seite einer jakutischen Tabakdose gezeichnete Verzierung. Ein jakutischer Schamane bereitet sich auf ein Tieropfer vor. Er hält die Trommel so, daß man deutlich den inneren, kreuzförmigen Griff sieht. Oben sehen wir in Menschengestalt die Seelen, denen die Kuh geopfert wird. Zwischen ihnen drei Vogelidole, einer als mythischer Vogel mit doppeltem Kopf *(öksökü)*. Die Vögel tragen das Opfer gemeinsam zu den Gottheiten.

9. Nanai, Opferrituale. [A] Hahnenopfer beim abendlichen Schamanisieren vor dem dreifachen Opferbaum *(toro)*, [B] Umgießen des Feuers mit Wasser nach der Verabschiedung des Toten

10. Bärenopfer bei den Ainu, die letzte Phase. Aus einem illustrierten japanischen Manuskript von 1840. Der getötete Bär nimmt als Gast teil.
11. Nach dem Pferdeopfer hängt man die Häute an lange Stangen und läßt sie unter freiem Himmel, damit sich die Seele des Opfertieres zur Himmelsgottheit begeben kann.

12. Tschelkanischer Schamane beim Wahrsagen mit einem Handbogen in der Rechten. Bei manchen Turkvölkern im südlichen Altai ersetzte der Bogen die Trommel. Aus den Schwingungen des Bogens schloß man auf die Antworten der Geister.
13. Vermutlich im 17. Jahrhundert wurde die Geschichte der Schamanin Nisan aufgeschrieben, eine wichtige Quelle zum Kennenlernen der rituellen Attribute der Schamaninnen bei den Mandschu.

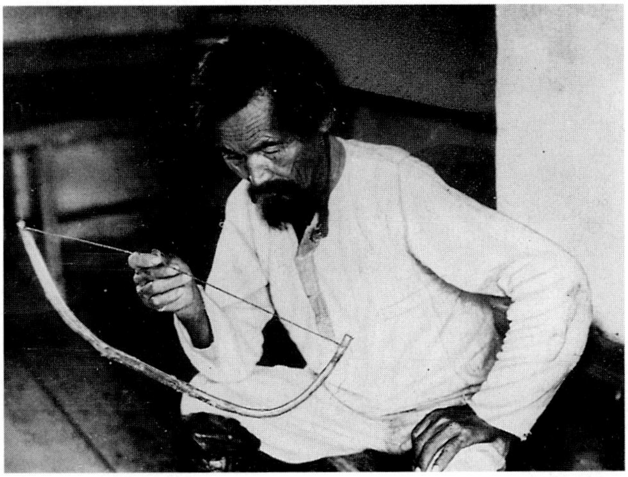

Dann bereiten sie in der Jurte gekochtes Fleisch, und der kam, stimmt den Zauberspruch an. In den Händen hält er eine Trommel... schließlich verfällt er in Raserei... Hierauf erscheint aus dem Dunkel der Dämon, und er reicht ihm das Fleisch, daß er es esse, worauf der Dämon die Antworten gibt."[14] Das Weissagen diente verschiedenen Zwecken; mit ihm wählte man Zeit und Ort des Opfers aus oder erfuhr man, was für Wetter zu erwarten war und wie sich das Schicksal eines Neugeborenen gestalten würde. Wahrgesagt wurde mit Schulterblättern oder durch Werfen gekerbter Schicksalsstäbchen. So fand man heraus, wo verirrtes Vieh zu suchen war oder ob der Fischfang oder die Jagd gelingen würde.

Während bei den Mandschu alte schriftliche Überlieferungen die Ordnung der Zeremonien, Opferungen, Gebete, Gesten und Wahrsageformen fixierten, verblaßte in anderen Gebieten Eurasiens, in Kulturen ohne Schrift, die sakrale, um nicht zu sagen priesterliche Funktion des Schamanen, und er wurde für alle rituellen (oder halbrituellen) Handlungen des Alltags zuständig. Das drückte sich besonders in der Aufgabe des Heilers aus, denn Krankheiten konnten jederzeit auftreten, und sie gefährdeten das Gleichgewicht der täglichen Arbeitsteilung innerhalb der kleinen Gemeinschaft (der Familie oder Sippe). Nach dem schamanischen Glauben wird Krankheit stets von irgendeinem Geist ausgelöst, der entfernt werden muß – am häufigsten durch „Aussaugen". Dies ist eine zutiefst menschliche Art des Heilens; die symbolische Handlung hat eine sehr starke psychische Wirkung: der Kranke hat das Gefühl, jemand anderes nehme ihm das Leiden ab und auf sich.

Darüber hinaus hat der Schamane eine oftmals vergessene Mission, der Mircea Eliade den griechischen Namen *psychopompos* gab: Der Schamane ist *„Seelenfüh-*

rer".[16] Er begibt sich in die untere Welt, um die Seele des Kranken zu finden und zurückzubringen und damit gleichsam die Ganzheit, die Unversehrtheit von Körper und Seele wiederherzustellen, oder aber, um die Seele des Verstorbenen ins Jenseits (bei den altaiischen Türken in das Reich des Erlik) zu geleiten.[17] Es ist kein Zufall, daß die verschiedenen Stände der Schamanen bei den einzelnen Völkern nach den für sie vorgesehenen Aufgaben festgelegt waren – so stellte bei den Nanai der Heiler (*siurinka*) die bescheidenste Kategorie unter den Schamanen; zur zweiten Gruppe gehörten die, die neben dem Heilen auch bei den Gedenkfesten für die Verstorbenen als Schamanen wirkten (*nemati*); und die Angehörigen der höchsten Kategorie (*kasati*) waren im Vollbesitz der Schamanengelehrtheit, so daß sie die Seelen der Verstorbenen ins Jenseits begleiten konnten.

Schließlich waren die Schamanen, die die mündlichen Überlieferungen bewahrten; sie waren Dichter und Sänger in einer Person. Bei den türksprachigen Völkern Zentralasiens bezeichnet *bakhsi* den heilkräftigen Schamanen und Wandersänger, bei den Burjaten *böö* den, der die Sippenüberlieferungen, die Abstammungsgeschichten und Heldengesänge vorträgt. Der Schamane der Chanten organisiert nicht nur das Zeremoniell des Bärenfestes, er kennt auch die Ordnung der Gesänge und die Texte am besten. Bei dem mehrere Tage dauernden Ritual mußte er mehrere hundert, gegebenenfalls mehrere tausend Zeilen Gebets-, Beschwörungs- und Bittexte aufsagen, vorsingen oder rezitieren und dazu trommeln, tanzen, die Reise ins Jenseits detailgetreu spielen – wir können es uns anhand der nach Radlow zitierten Schilderung vorstellen. Kurz, er mußte improvisieren und dabei seinen Vortrag dem Schauplatz und dem gegebenen Anlaß anpassen.

Die Séance, der ekstatische Schamanenauftritt, ist als ein grundlegendes Merkmal des eurasischen Schamanismus anzusehen. Wodurch zeichnete sie sich aus? Schon die Vorbereitungen standen im Zeichen traditionsbestimmter Regeln: Der Schamane nahm an Reinigungsriten teil, er zog sich zurück, hielt sich für eine längere Zeit „versteckt", fastete, stellte sich auf den „Auftritt" ein, legte schließlich das Schamanengewand mit allen Attributen und Abzeichen an.

Dabei tritt der Schamane stets in Begleitung eines Helfers auf, und die Séance beginnt mit der Herbeirufung der Hilfsgeister zum Klang des Gesangs und der Trommel. Im Zelt leuchtet nur das Feuer, und das immer verzücktere Trommeln und Tanzen bringt den Schamanen letztlich in einen hypnoseähnlich veränderten Bewußtseinszustand. Neuere Forschungen haben ergeben, daß ein sogenannter ‚aktiv wacher'[18] hypnotischer Bewußtseinzustand auch experimentell und in Bewegung herbeigeführt werden kann; in diesem Zustand vermitteln die Visionen ein sehr intensives Erlebnis. Das Erscheinen visionärer Erlebnisse und die Ekstase können durch den Gebrauch bestimmter Aufputsch- und Rauschmittel – z. B. Pilze, wie Amanita muscaria L. Hanfrauch, Tabak, Alkohol – verstärkt werden, doch nicht das ist in den tranceartigen Zuständen der sibirischen Schamanen am wichtigsten. Was beim Reiseerlebnis bzw. bei der Vision ausschlaggebend – und Höhepunkt der Séance – ist, das ist die Begegnung des Schamanen mit seinen Geisthelfern. Nun muß der Schamane mit seinem Gegner kämpfen (oder aber die Hilfsgeister in Tiergestalt kämpfen an seiner Stelle). Darin spiegelt sich eine sehr alte totemistische Vorstellung.

Der Schamane praktizierte in der Séance – gleichsam als ein Ein-Personen-Prototheater – eine hohe Schule des Illusionismus: Er beschwor die Hilfsgeister so

14. Schamane der Sagai (Tanöle Tschuprikow) beim Ritual in einer Rundjurte aus Holz. Deutlich erkennbar sind die Kaurischnecken am Gewandrücken und die Geräuschinstrumente. Die Bilder der Fotoserie vom Anfang des Jahrhunderts strahlen Leben und Rhythmus aus.

15. Tschuktschischer Schamane mit Trommel. Am oberen Teil der Trommel das holzgeschnitzte Symbol des Polarsterns, auf dem Trommelfell ein Sonnenzeichen mit menschlichem Gesicht, eine sehr seltene Darstellung. Die Nacktheit des Schamanen beschwört den mythischen Schamanen-Ahnen.

überzeugend, daß die Anwesenden deren Stimmen zu hören vermeinten (die Technik des Ventriloquismus war bekannt, besonders den tschuktschischen und korjakischen Schamanen). Noch dramatischer mochte der Abschluß der Besessenheits-Auftritte wirken, wenn der Schamane unter der Wirkung des stetig sich vertiefenden ekstatischen Zustands zusammenbrach und das Bewußtsein verlor.

Persönlichkeitsmerkmale des Schamanen

Bei den verschiedenen Völken – darüber sind sich die Wissenschaftler im großen und ganzen einig – werden die Schamanen auf ganz unteschiedliche Weise ausgewählt; aber ursprünglich dachte man wohl, daß der angehende Schamane seine Fähigkeit von seinen Vorfahren erbte. Die Mansen am Ob nahmen an, der Mensch bekomme die schamanischen Fähigkeiten von den Göttern geschenkt. Bei den Burjaten am Baikalsee wird das Schamanentum nur innerhalb der Sippen vererbt. Erstes Anzeichen einer solchen Vererbung ist es, daß der Jüngling plötzlich erkrankt er bekommt die „Schamanenkrankheit" (epileptische Anfälle). Viele erklärten das so, daß nur jemand Schamane werden kann, der über psychopathische Persönlichkeitsmerkmale verfügt. Neuere Untersuchungen haben ergeben, daß diese Annahme unhaltbar ist, denn es stellte sich heraus, daß die meisten Schamanen gesunde Mitglieder der Gemeinschaft und starke Führungspersönlichkeiten sind, von ihrem überragenden Wissen ganz zu schweigen. Eine leichtere Form der Schamanenkrankheit bestand darin, daß der Anwärter dem „Ruf" einer inneren Stimme folgend die Mühen und Leiden des mit der Initiation verbundenen „Lernens" auf sich nahm. Die Übernahme des Schamanentums belastete die Anwärter als unumgängliche moralische Verpflichtung, was jedenfalls von einer erhöhten psychischen Empfänglichkeit voraussetzt.

Der Schamanismus ist eine Sonderform des Geisterglaubens ist, dem zufolge der Schamane nach diesem Glauben von den Geistern ausgewählt wird.[19] Es gibt mehrere Arten zur Auswahl, deren eine der Traum ist. Bei einer Samojedengruppe, die auf der nördlichen Halbinsel Taimyr lebt, notierte in den dreißiger Jahren A. A. Popow die folgende poetische Geschichte über den Initiationstraum eines Schamanen:

„Er lag an den Pocken erkrankt drei Tage lang ohne Bewußtsein und gleichsam tot da, so daß man ihm am dritten Tag schon beerdigen wollte. Während dieser Zeit hörte er die Stimme der Krankheit (also der Pocken), die ihm sagte: ‚Vom Herrn des Wassers wirst du das Geschenk des Schamanentums bekommen. Dein Schamanenname wird Huttari *(Schwimmer) sein!' Danach wühlte die Krankheit das Wasser des Meeres auf. Er kam heraus und stieg auf einen Berg. Hier traf er eine nackte Frau und er fing an, an ihrer Brust zu saugen. Die Frau, die wahrscheinlich die Wasser-Mutter war, sprach zu ihm: ‚Du bist mein Kind, deshalb lasse ich dich an meiner Brust saugen. Du hast viele Schwierigkeiten vor dir und wirst sehr müde werden.' Dann gab ihm der Mann der Wasser-Mutter zwei Helfer zur Seite, eine Marderin und eine Maus, damit sie ihn in die Hölle führten. Sie kamen auf einen hohen Berg, wo seine Helfer ihm sieben oben zerrissene Zelte zeigten. Er drang in das erste und begegnete hier den Bewohnern der Hölle und den Leuten der Krankheit (der Pocken). Sie rissen ihm das Herz aus dem Leib und warfen es in einen Topf. In den anderen Zelten lernte er den Herrn des*

Wahnsinns und die Herren aller Nervenkrankheiten sowie die schlechten Schamanen kennen ... Der Anwärter kam danach, noch immer seinen Helfern folgend, in das Land der Schamaninnen, die seine Kehle und Stimme stärkten. Hierauf wurde er an die Ufer der Neun Meere gebracht. In der Mitte des einen war eine Insel, und in der Mitte der Insel ragte eine junge Birke bis zum Himmel auf. Das war der Baum des Herrn der Erde. Daneben wuchsen neun Kräuter, die Vorfahren aller Pflanzen der Erde. Den Baum umgaben die Meere, und in jedem Meer schwamm eine Vogelart mit ihren Jungen ... Der Anwärter besuchte alle diese Meere; manche waren salzig, andere so warm, daß er nicht einmal in die Ufernähe konnte. Nachdem er diesen Rundgang gemacht hatte, hob er den Kopf und erblickte oben auf dem Baum Menschen aus mancherlei Nationen: Tawgi-Samojeden, Russen, Dolganen, Jakuten und Tungusen. Er hörte eine Stimme: ‚Es ist beschlossen, daß Trommel und deine Schlegel aus diesem Baum sein werden!' Er begann mit den Vögeln des Meeres zu fliegen: ‚Gleich fällt ein Ast von mir ab, nimm ihn und mach eine Trommel daraus, sie wird die dein ganzes Leben lang dienen.' Dieser Weg war dreifach gegabelt, und der Herr des Baumes bestimmte, daß er sich drei Trommeln machen und sie bei drei Frauen verwahren und jede Trommel zu bestimmten Zeremonien verwenden sollte ... Die Maus und das Hermelin, seine beiden Helfer, die ihm den Weg wiesen, führten ihn hernach auf einen hohen, runden Berg. Er bemerkte eine Öffnung vor sich und drang in eine sehr helle Höhle ein, sie war von Eis überzogen, und in der Mitte befand sich etwas wie ein Feuer. Er sah zwei nackte, aber wie die Rentiere mit Fell überzogene Frauen. Dann erkannte er, daß gar kein Feuer brannte, daß die Helligkeit von oben kam, durch eine Öffnung. Die eine der beiden Frauen erklärte ihm, sie sei schwanger und werde zwei Rentiere gebären; das erste werde das Opfertier der Dolganen und Ewenken, das andere das der Tawgi sein. Sie gab ihm ein Tierhaar, das werde für ihn wertvoll sein, wenn er für Rentiere schamanisieren müsse. Auch die andere Frau würde zwei Rentiere zur Welt bringen, solche, die dem Menschen bei allen Arbeiten helfen und ihm als Nahrung dienen würden. Die Höhle hatte zwei Öffnungen, eine nach Norden und eine nach Süden, durch jede ließen die Frauen ein junges Rentier hinaus, damit die Tiere den Menschen des Waldes (den Dolganen und Ewenken) dienten. Auch die andere Frau gab ihm ein Tierhaar, damit er sich in der Seele zur Höhle hinwandte, wenn er schamanisierte.

Dann kam der Anwärter in eine große Einöde und bemerkte weit in der Ferne einen Berg. Nach drei Tagen Fußmarsch erreichte er ihn, drang durch eine Öffnung ein und begegnete einem nackten Mann, der mit einem Blasebalg arbeitete. Auf dem Feuer stand ein Kessel, so groß wie die halbe Erde. Der Mann bemerkte ihn und schnappte ihn mit einer riesigen Beißzange ..., da schnitt ihm der Mann den Kopf ab, schnitt ihn in kleine Stücke und warf alles in den Kessel. So kochte er seinen Körper drei Jahre lang. Er hatte drei Ambosse, und der nackte Mann hämmerte seinen Kopf auf dem dritten, der dazu diente, die besten Schamanen zu schmieden. Dann warf er den Kopf in einen der drei Töpfe, die da waren, in den, worin das Wasser am kältesten war ...

Hierauf fischte der Schmied seine Knochen, die in einem Fluß schwammen, wieder heraus, setzte sie zusammen und überzog sie mit Fleisch. Er zählte sie und klärte ihn auf, er habe drei mehr: er müsse sich also um drei Schamanengewänder kümmern. Er hämmerte seinen Kopf und zeigte ihm, wie er einen Brief lesen kann, ohne zu sehen, was darin steht. Er tauschte seine Augen aus, deshalb sieht er beim Schamanisieren nicht mit seinen körperlichen, sondern mit seinen mystischen Augen. Er durchbohrte seine

Augen, so befähigte er ihn, die Rede der Pflanzen zu verstehen. Dann fand sich der Anwärter auf der Spitze eines Berges wieder, und schließlich erwachte er bei den Seinen in der Jurte. Jetzt ist er imstande, zu singen und zu schamanisieren, ohne jemals müde zu werden."[20]

Diese Schilderung faßt mit allen Einzelheiten die wichtigsten Elemente der Schamanenweihe zusammen: das Erlebnis der symbolischen Zerstückelung, die Vorstellung von dem himmelhohen Baum, das Gebot, eine Trommel herzustellen, die Aufgaben des Schamanen und die verschiedenen Trommeln, die Hilfsgeister in Tiergestalt (Maus, Hermelin) und die Reisen in die obere und die untere Welt.

Die Schamanen wurden bei ihrer Tätigkeit von hilfreichen Geisttieren unterstützt. Diese Geister mußten erst einmal herbeigeschafft werden, und zwar durch langwierige Selbstkasteiung, durch Fasten, durch Laufen, durch Untertauchen in eisigem Wasser, schließlich durch Warten – nämlich auf den Eintritt der Visionen. Der Hilfsgeist zeigte sich meistens in Gestalt eines Tieres (eines Vogels oder Landtieres wie Bär oder Hirsch, oder eines Reptils).

Ein bestimmendes Erlebnis für das Lebensschicksal des Schamanen war der Alptraum vom Zerstückeltwerden, ein metaphorischer Tod, den der Kandidat in der bis zur Ekstase gesteigerten Initiation „erlebte". Der sibirische Schamane liegt stundenlang reg- und bewußtlos da; währenddessen bringen die Geister seine Seele ins Jenseits; das alles sieht er mit eigenen Augen – so zumindest berichten ethnographische Aufzeichnungen. Diese Berichte zeigen eine auffällige Übereinstimmung mit der Beschreibung von Visionserlebnissen nach der Einnahme von Drogen (z. B. LSD) und mit regelmäßig wiederkehrenden Details aus neueren Berichten über Erlebnisse in Todesnähe.

Nach dem symbolischen Tod wird der Schamanenanwärter „wiedergeboren", mit anderen Worten, er genest von der sogenannten Schamanenkrankheit. Damit hat der Kandidat sich selbst geheilt (mit Hilfe der Hilfsgeister), seine Persönlichkeit ist

16. [A] Zeichnung eines alten Ewenken, wie er die Seele eines Verwandten des Schamanen Itil'gun aus der Sippe Kondurjal in die Welt der Toten geleitet: [1] das verlassene Zelt des verstorbenen Verwandten; [2] Grabpodest, am Holz/Baum hängen Gegenstände, die den Toten auf der „weiten Reise" begleiten; [3] Schamanenzelt; [4] der älteste Schamane der Sippe „trägt" die Körperseele des Toten in die untere Welt; [5] der mythische Sippenfluß; [6] Lärche, der Schamanengeist; [7] Tauchervogel, ein anderer Schamanengeist, der den Weg zeigt; [8] Schamanentrommel, die das Boot ersetzt; [9] schützende Schamanen geister; [10] die Körperseele folgt dem Schamanen auf seiner „Bahre", dem Floß; [11] Aufenthaltsort der alten Frauen der Sippe, der Herrscherinnen über den Weg in die untere Welt; [12] Rastplatz des Schamanen ist die Schamaneninsel in der Mitte des Weges; davor bleibt der Schamane bei den mythischen Sippen-Mütterchen stehen und fragt nach dem Weg in die Welt der Toten; dann ist er Gast bei der Herrscherin über den Wasserweg in die „untere Welt" der Schamaneninsel und erkundigt sich nach dem weiteren Weg; [13] Einengung mit Klippen, eine Falle, die der Schamane aus Geistern errichtet hat; [14] letzte Station bei den Herrinnen des Wegs in die „untere Welt", den Sippen-Mütterchen; der Schamane legt an und ruft über die Bucht zur Siedlung der toten Verwandten, man möge die hingebrachte Körperseele des verstorbenen Verwandten ergreifen; [15] Schamanentrommel-Boot; [16] Körperseele des Verwandten; [17] Opferhirsch; [18] Tauchervogel als Geistbegleiter des Schamanen; [19] Bucht in der Mündung des mythischen Sippenflusses, hier beginnt das „untere Land"; [20] Siedlung der

toten Verwandten; [21] Aufenthaltsort *(menejen)* der Toten der Sippe; [22] die weiblichen Toten sitzen am Feuer; [23] neun Schamanenländer, wo die Geister der Ahnen des Schamanen leben; [24] männliche Tote, die sich mit Tieren beschäftigen; [25] im Fluß werden Fischfallen gestellt; [26] das Mütterchen, das Oberhaupt der Siedlung der Toten ist, steigt das Steilufer hinauf und sieht nach, wer an der Klippe ruft; als es erfährt, worum es sich handelt, gibt es einem Mann ein Zeichen, die Körperseele des Toten zur Siedlung zu bringen; [27] ein Toter überquert im Boot die Bucht, um den mit dem Floß gekommenen toten Verwandten zu holen; [28] die Geisthelfer des Schamanen versperren den Zugang zur „unteren Welt"; [29] Fell des Opferhirsches; [30] omiruk – Sippen-Aufbewah rungsort der *omi*-Seelen; [31] *omi*-Seelen; [32] Nebenzweig des Oberlaufes des mythischen Sippenflusses; [33] Falle, Barriere, die der Schamane aus seinen Geisthelfern errichtet, um den Krankheitsgeistern den Eintritt in den omiruk zu verwehren; [34] Schamanengeister in Vogelgestalt schützen den Eingang des *omiruk* vor der Luft; [35] schamanische Geistforellen bewachen die Passage zum Ober lauf des mythischen Sippenflusses; [36] *omi*-Seele, die sich in einen Tauchervogel verwandelt und vom mangi in den omiruk fliegt.

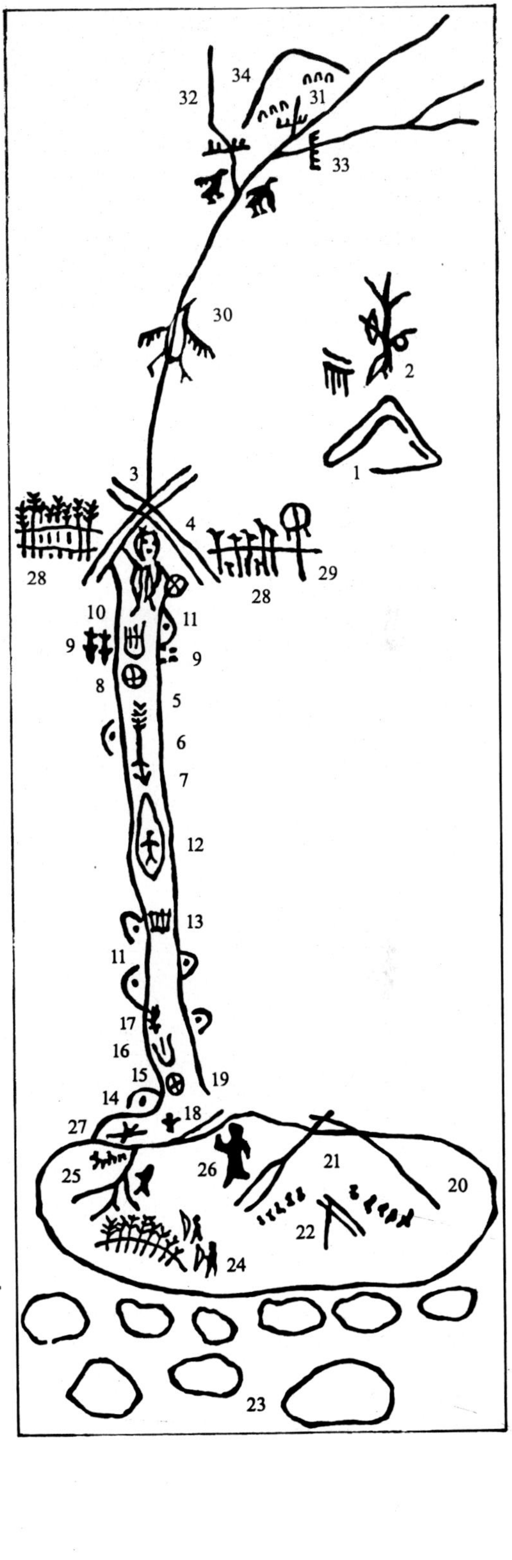

16. [B] Tschuktschische Zeichnung aus der Zeit der Jesup-Expedition. Der Schamane demonstriert eine seiner wichtigsten Tätigkeiten, das Heilen.

gestärkt und sein psychisches Gleichgewicht wiederhergestellt. Das ermächtigt ihn, auch andere zu heilen – eine weitere uralte Heiltechnik, die für unsere Zeit lehrreich sein kann.

Die Persönlichkeit des Schamanen kann sich unter dem physischen und psychischen Druck während der Initiationszeit in zwei Richtungen entwickeln: unter den ‚Weiheleiden'[21] kann er nervenkrank werden – was besonders jungen Anwärtern widerfährt –, oder er kann gestärkt aus ihnen hervorgehen. Die Gemeinschaft sieht im Schamanen eine mit Wissen gesegnete Persönlichkeit, sie erwartet Ratschläge und Entscheidungen von ihm; der Schamane seinerseits hält sich für „auserwählt" für diese Rolle. Im Gegensatz zu den Geistlichen der großen Weltreligionen folgt der Schamane unabhängig von seinem Willen dem Ruf (nicht zufällig nennen manche Wissenschaftler die Schamanenkrankheit „crisis of vocation"[22]). Während jene bewußt lernen, leistet der sibirische Schamane dem Ruf anfangs Widerstand, später findet er sich mit seinem Los ab und nimmt den qualvollen Weg der Initiation auf sich.

Der Schamane gelangt vermittels des Rufes, der Berufenheit in den Besitz des Wissens und der Kraft. Als Mitglied der Gemeinschaft ist er deviant, er unterscheidet sich also von der Mehrheit, was sich oft in einem merkwürdigen Verhalten äußert: Wie vermerkt wurde, zogen sich die burjatischen Schamanen gern zurück, um allein zu meditieren; unter den Turkmenen Zentralasiens gab es transvestitische Schamanen[23], die Geschlechtslosigkeit verstärkte ihre Kräfte noch. Bei den Burjaten, wo

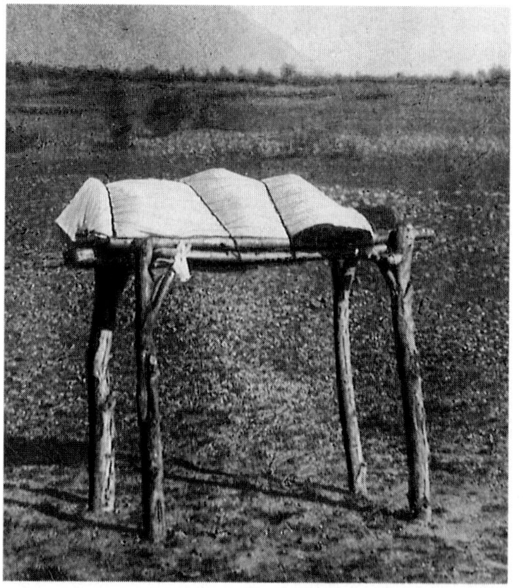

17. Tungusisches Schamanengrab, an den Ecken vier holzgeschnitzte Seelenvogelfiguren.
18. Tuwa-Schamanengrabstätte (kham serizi) am Fluß Alask. Nach dem Glauben der sibirischen Turkvölker vermittelt der Schamane zwischen Himmel und Erde, deshalb muß, wenn er gestorben ist, seine Seele zwischen beiden schweben. Gewand, Mütze, Kopfschmuck und Trommel des Schamanen sind an zwei nahe Pflöcke gehängt. Der Körper des Toten ist so ausgerichtet, daß er nach Westen blickt. Unter seinen Kopf wurde ein Stein gelegt.

man an die Vererbung der Schamanenkräfte glaubte, konnten körperliche Zeichen anzeigen, daß ein Kind zu den Auserwählten gehörte – zu den inneren Wesenszügen traten also äußerliche. Am häufigsten galten mit einem überflüssigen Knochen (einem Zahn, einem Finger mehr) geborene Kinder als angehende Schamanen.

Die Symbole und Requisiten der Schamanen

Die Schamanen verwendeten für ihre Zeremonien besondere Gegenstände, die insgesamt und jeder für sich symbolische Bedeutung besaßen.

Unter den spezifischen Requisiten des Schamanen gehörte das Gewand zu den wichtigsten; das Aussehen des Gewands richtete sich unter anderem nach der Gestalt des Geistertieres, das dem Schamanen half. So kennen wir Schamanengewänder mit Symbolen des Hirsches, des Bären und des Vogels.

Ein und derselbe Schamane kann aus praktischen Gründen auch Gewänder zweierlei Typs haben. Das drückt keinen Dualismus, nicht den Gegensatz zwischen Gut und Böse (Weiß und Schwarz) aus, vielmehr wurde das eine Gewand nur zu bestimmten Riten getragen (z. B. um Kindersegen zu erbitten oder um den Jagderfolg zu sichern), das andere war beim Heilen von Krankheiten gebräuchlich (z. B. um die Seele zurückzuholen). Die beiden Typen sind nicht überall gleichermaßen anzutreffen; so ist etwa das Gewand mit Vogelsymbolen bei den Jakuten und das einen Hirsch imitierende Gewand in Transbaukalien verbreiteter. Bei den Jakuten wird das Hirsch-Kleid beim Heilen für die Reise in die obere und die untere Welt benötigt. Bei diesem Gewandtyp verwendet man zahlreiche Metallattribute, beim Vogel-Gewand eher kleine Glocken und Schellen. Letztere sind reich mit Quasten und Fransen ausgestattet, die Federn imitieren und die Flügel symbolisieren. Zum Hirsch-Kleid (etwa der Jakuten) gehört auch eine Reihe Rippen.

Nicht nur das Gewand insgesamt, sondern auch seine einzelnen Bestandteile sind symbolträchtig. So befanden sich auf dem Rücken des jakutischen Schamanenmantels Metallscheiben, die die Sonne und den Mond bedeuteten und dem Schamanen auf der Reise ins dunkle Jenseits den Weg beleuchteten. Skelettartige Darstellungen symbolisierten den bei der Initiation erlebten ekstatischen Tod und die Wiedergeburt. Da das Schamanengewand mit den Geisterhelfern in Berührung kommt, verfügt es auch selbst über magische Kraft; deshalb wurde es in der Regel zusammen mit dem Schamanen beerdigt.

Dem Kopfschmuck des Schamanen, der in Eurasien in der Regel einer Krone ähnelt, kommt ebenfalls ein symbolischer Wert zu. Wir kennen Federschmucke und Geweihschmucke; ersterer verweist auf einen Vogel, letzterer auf einen Hirsch als Hilfsgeist. Besonders durchgearbeitet waren die schmiedeisernen Kronen der Burjaten. Bedeutung maß man auch den sonstigen Kleidungsstücken bei, beispielsweise dem Schurz, vor allem dort, wo der Schamane – wie ich bei den Mandschu im August 1991 in China selbst beobachtet habe – keine vollständige Kleidung trug. Dieses rituelle Kleidungsstück erwähnt auch ein Manuskript vom Ende der 1770 er Jahre: *„...Die Schamanin bindet einen geblümten Rock um, legt den mit Schnellen besetzten Schamanengürtel an, nimmt die kleine Trommel und den Schlegel in die Hand und verneigt sich vor den Geistern.“*[24]

Ein Schamane (Rückansicht).

19. Ein seltenes Schamanenbild: Der an den Gewandrücken genähte Vogelflügel weist darauf hin, daß der Schamane in der Ekstase mit Hilfe seines Vogel-Hilfsgeistes fliegen kann. Der Stich aus dem 19. Jahrhundert zeigt einen sibirisch-tatarischen Schamanen.

20. Schmiedeeiserne Schamanenkrone, Ende des 19. Jahrhunderts
21. Schamane der transbaikalischen Ewenken in reich verzierter Kleidung und mit mehrzackiger Krone als Kopfschmuck

Die Trommel ist die wichtigste Gerätschaft eines Schamanen. Anhand der Form der Trommeln läßt sich exakt feststellen, welcher ethnischen Gruppe ihre Verfertiger bzw. Eigentümer angehörten, denn es handelt sich um einen sakralen Gegenstand, dessen Form nicht nur durch die Tradition, sondern auch vom Glauben konserviert wurde.

Jedes Detail der Trommel ist Träger von Symbolen, aber symbolisch ist auch die ganze Trommel selbst, das „Beförderungsmittel" des Schamanen. Die Burjaten, Jakuten und Sojoten hielten sie für das Pferd des Schamanen, die nomadischen Ewenken nannten sie Schiff. Die Schamanen der altaiischen Türken „belebten" die Trommel vor der Séance, indem sie sie übers Feuer hielten, damit das Trommelfell sich spannte. Das bedeutete symbolisch die Erweckung des Tieres, aus dessen Haut die Trommel verfertigt war, denn nur so konnte es dem Trommelnden als Tier-Helfer dienen. Der Geist der Trommel war zugleich Hilfsgeist des Schamanen. Der Klang der Trommel lud die Geister zu den Zeremonien ein – der immer schnellere Trommelwirbel ähnelt dem Galoppieren von Pferden. Wenn sie „reisten", benutzten die Schamanen außer der Trommel Stöcke, die in einem Pferdekopf endeten.

22. Der – zuweilen eiserne – Pferdekopf am Ende des burjatischen Schamanenstocks drückt Stärke und Rang des Besitzers aus.
23. [A–B–C] Korjakische Schnitzer fertigten aus Wahlroßzahn diese wenige Zentimeter hohen Figuren tanzender, trommelnder und singender Schamanen. Waldemar Jochelson hielt die Meisterwerke der unbekannten Künstler auf der Jesup North Pacific Expedition fest.

An den Trommeln finden sich an der Außenseite, aber manchmal auch innen geheimnisvolle Zeichen. Typisch ist das insbesondere für die Trommeln der Altai-Türken und der alten Lappen (siehe Abb. 175–178). Die Analyse der zusammenhängenden Zeichnungen ergab, daß es sich um Darstellungen des schamanischen Weltenbildes und Sternbildkarten handelt[26], die in der Sprache der Sterne über die wesentlichen Elemente der Schamanistischen Mythologie „erzählten" sowie der geistigen Orientierung des Schamanen dienten.

Epilog zur Einleitung

Fassen wir zusammen: Der Schamanismus ist nicht nur eine archaische Ekstasetechnik, nicht nur eine frühe Entwicklungsstufe der Religion und nicht nur eine psychomentale Erscheinung, sondern ein komplexes religiöses System. Dieses System umfaßt den Glauben, der die Hilfsgeistern der Schamanen (den Gestalten der schamanischen

Mythologie) verehrt, und das Wissen, das die heiligen Texte (Schamanengesänge, Gebete, Hymnen und Legenden) hütet. Es beinhaltet die Regeln, die den Schamanen bei der Aneignung der Ekstasetechnik leiten, und es verlangt die Kenntnis der Gegenstände, die bei der Séance zur Heilung oder zur Wahrsagung benötigt werden. Im allgemeinen treten alle diese Elemente gemeinsam auf.

Naturgemäß sind im Schamanismus Elemente unterschiedlichen Ursprungs miteinander vermischt und oftmals nebeneinander vertreten, wie beispielsweise das Kreuz auf einem Schamanengrab, dessen Foto ich im Archiv des Ethnographischen Instituts in St. Petersburg sah. Der Leser sollte also nicht überrascht sein, wenn er beim Betrachten der Bilder auf scheinbar unvereinbare Elemente stößt, denn für den Schamanismus ist generell Offenheit charakteristisch, eine Art bedenkenloser Synkretismus.

Ich bin der festen Überzeugung, daß der Schamanismus die Verfolgungen seitens der Missionare der großen Religionssysteme nur überlebt hat, weil er als Glaubenssystem flexibel und offen war; es nahm Veränderungen auf und kannte kaum Dogmen, doch um so größer war seine Anpassungsfähigkeit. Der Schamanismus ging aus den oftmals gewaltsamen und grausamen Bekehrungsversuchen des Islam, des Christentums, des Lamaismus und schließlich des Kommunismus unbeschadet hervor, weil die Schamanen einen Glauben hatten, vor allem aber eine Berufung, eine soziale Mission. Man kann nur hoffen, daß er auch die Überspanntheiten der technischen Zivilisation überdauern wird, und daß es dann, wenn die Menschheit

24. Karagas-Schamanengrab im Wald; typische „Luft"-Beisetzung. Das Kreuz zeigt vermutlich, daß der Schamane getauft war.

25. Nanai auf einer Insel im Amur führten nach mehr als sechzig Jahren im Herbst 1991 das kasa-taori-Ritual wieder ein. Aufgabe des kasati-Schamanen war es, die Seelen der Verstorbenen einzusammeln und sie dann von einem aus Gras gefertigten Hund auf einem Schlitten in das Totenreich (buni) ziehen zu lassen. Die Seelen wohnten nach dem Glauben der Nanai in den mugden-Götzen hinter dem Schlitten. Die Frauen im Hintergrund verabschieden die Seelen der Toten mit Klageliedern.

26. Gestalt eines Schamanen. Holzschnitzerei der Tuwa, bemalt, mit Eulenfedern

ihre Umwelt geradezu irreparabel ruiniert haben wird, vielleicht den einen oder anderen gibt, der diese Botschaft des Schamanismus vernimmt: wir müssen die Natur respektieren[27], die äußere, sichtbare, die uns umgibt, ebenso wie unsere eigene, innere, menschliche.

Der Schamanismus erlebt gegenwärtig eine Renaissance und tritt in den unterschiedlichsten Formen in Erscheinung. Einerseits lebt er dort wieder auf – und zwar nach langem Schweigen und Verschwiegenwerden –, wo er ursprünglich schon ein Teil der Volkskultur war. Er ist für solche Völker ein wichtiger ideologischer Grundpfeiler der Wiedergeburt ethnischen Bewußtseins. Andererseits ist in den Städten ein sehr gegenwartsbezogener, moderner, „urbaner“ Schamanismus im Entstehen begriffen; über diese Massenbewegung des Neo-Schamanismus können wir uns in diesem Buch nicht auslassen, obgleich auch darüber bereits umfangreiches Bildmaterial vorliegt. Hier stellen wir nur Denkmale des traditionellen Schamanismus vor.

Dieser erneuerte Schamanismus stellt der egoistischen, geradezu besessen materialistischen Kultur unserer Zeit erfolgreich eine offen altruistische Ideologie entgegen, die alternative Lebensweisen, unentgeltliche Selbsttherapie und weitere positive Lebensprogramme anbietet. Der Schamanismus ist lebendige Realität, in der koreanischen Großstadt ebenso wie bei den Nganasanen am Nördlichen Eismeer oder den Hirten der mongolischen Steppen. Natürlich haben wir uns dabei nicht in erster Linie aristokratische, „in Weiß gekleidete, auf Schimmeln reitende“ Priester-Schamanen vorzustellen, sondern ganz alltägliche, in Armut lebende Menschen, die sich neben anderem Broterwerb auch mit dem Heilen befassen. So merkwürdig es klingen mag, sie sind unsere Zeitgenossen, hören Radio, trinken Cola und essen Fast Food wie wir, und wenn es nötig ist, fliegen sie mit dem Flugzeug. Viele von ihnen wurden in Filmen und auf Fotos festgehalten, ganz zu schweigen von den Ton- und Videokassetten, und erst recht durch viele völkerkundlich-anthropologische Aufsätze. Sie sind Ausnahmen, aber eben unsere Zeitgenossen, sie sind beachtenswerte Gestalten unseres Jahrhunderts, ob sie nun dokumentiert werden oder nicht. Von ihnen handelt und für sie spricht dieses Buch.

ANMERKUNGEN ZUR EINLEITUNG

Die in der Einleitung erwähnten zwei Bände: Diószegi, V.–Hoppál, M. (Herausg.) 1975; Hoppál M. (Herausg.) 1984.

1. Eliade 1987. 202.
2. Hultkrantz 1984. I: 34.
3. Georgi 1975. Abb. 62.
4. Leroi-Gourhan 1964; Campbell
5. Wierciński 1989.
6. Siikala 1987. 208.
7. Vajda 1959. Okladnikov, A. P.
8. Siikala 1987. 211.
9. Bassilov 1984.
10. Honkó 1969.
11. Johansem 1977.
12. Radloff 1884: II. 20.
13. Campbell 1984. 175; Dugarow 1991.
14. Zitiert bei Johanson 19.
15., 24. Nisan 1987.
16. Eliade 1975. 215.
17. Radloff zitiert bei Eliade 1987. 205.
18. Bányai 1984.
19. Bassilow 1984; Saladin d'Anqlure 1992.
20. Popow 1936.
21. Eliade 1987. 203. ‚Initiatory ordeal‘
22. Campbell 1984. 157.
23. Bassilow 1984; Saladin d'Anqlure 1992.
25. Diószegi 1968.
26. Jankovics 1984; Sommarström 1989.
27. Drury 1989. X.

Die ältesten Denkmale

27. Trommel-Gesicht an einem kultischen Felsen in Flußnähe. Typisches Motiv der Jungsteinzeit, mit gelb-brauner Farbe aufgetragen. Die frühen Maskendarstellungen am Amur bringt man mit der Entstehung des Schamanismus in Verbindung.

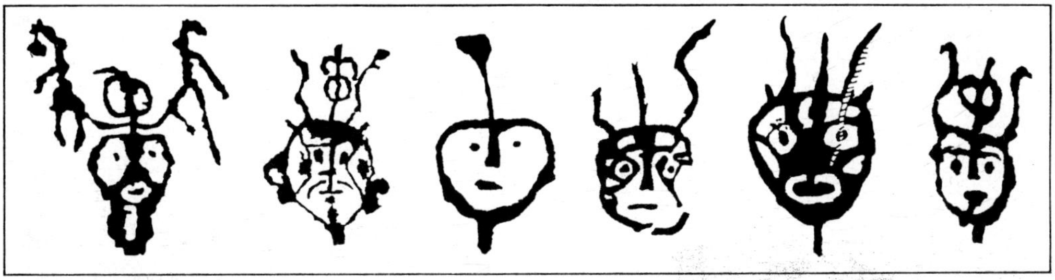

28. [A] Hirsch-Kopfschmuck von einem Felsen bei Mugur-Sargol, Bronzezeit. Manche Forscher nehmen an, daß die Zeichnungen Schamanenkronen mit Geweih und Bändern darstellen.
[B] Schamanengestalt (?) aus den berühmten Felszeichnungen vom Ob. Darunter Boot für die Beförderung der Seelen der Toten, unter diesem mythischer Elch mit Sonnensymbol am Widerrist.
[C] Schamane mit Trommel, 18.–20. Jahrhundert. Im Siedlungsgebiet der Chakassen entstanden noch zu Beginn des 20. Jahrhunderts Felszeichnungen.
[D] Diese jakutische Felszeichnung zeigt nach A. P. Okladnikow einen Schamanen mit seinen neun menschenähnlichen Hilfsgeistern. Vermutlich aus dem 15.–18. Jh.

29. Zepter oder Schamanenstock aus Bronze. Auf dem Kopf der Menschengestalt sieht man den einer Waldohreule, vermutlich das Hilfstier des Schamanen. (Vgl. den burjatischen Schamanenstock mit dem Pferdekopf, Bild 22 und Zeichnung 215)

30. Handtellergroßes Bronzeidol, im 9. Jahrhundert in der Gegend von Perm an ein Gewand genäht. Der Vogel trägt einen Menschen in den Klauen – vermutlich ergreift ein Adler als Hilfsgeist einen Schamanen.

31. Menschengestalt mit Vogelflügeln und gehörnartigem Kopfschmuck. Diese rätselhaften Bronzegüsse wurden Ende des 19. Jahrhunderts bei Grabungen in der Gegend von Perm gefunden. Das hier gezeigte Idol könnte ein fliegender, an einer symbolischen Himmelsreise teilnehmender Schamane sein.

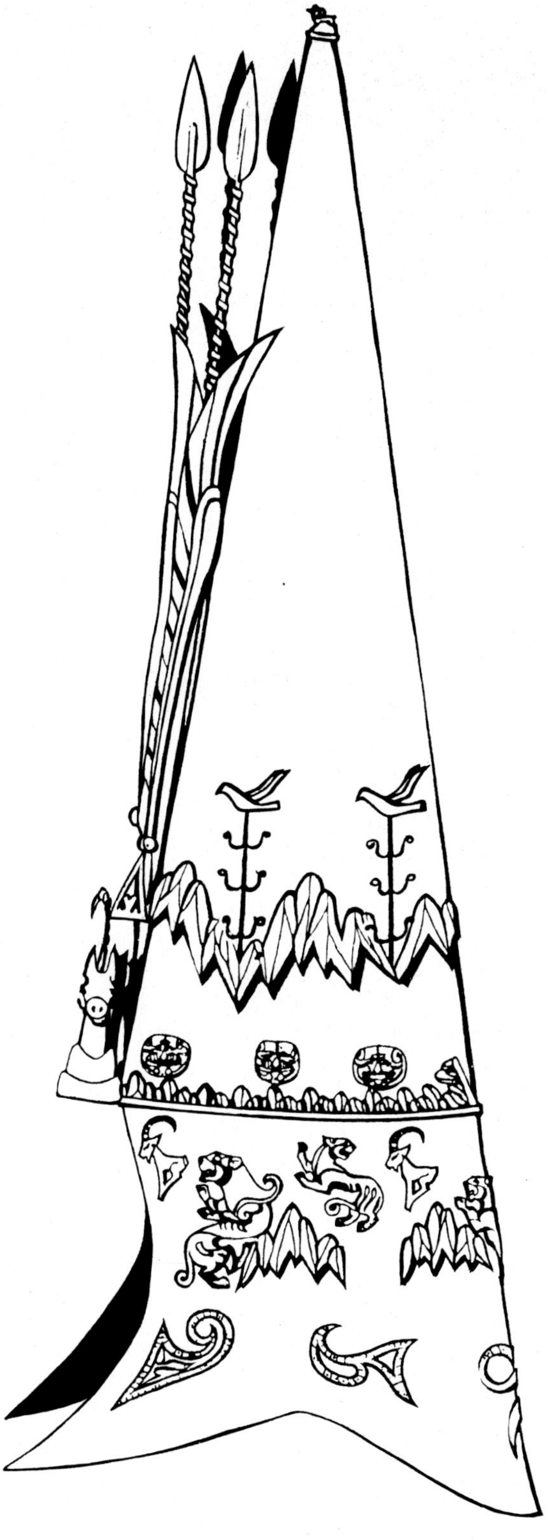

32. Sakisch/skythische Fürstenkopfbedeckung aus dem Grab des sog. „Goldmenschen“ aus Kasachstan. Den spitzen Kopfschmuck auf Filzgrundlage verzieren die erhabenen, durchbrochenen Blattbeschläge im typischen skythischen Tierstil.
33. Skythische Bronzeklapper oder Stockende aus dem Karpatenbecken. Archäologen nehmen an, daß die Schnellen oder Klappern am Stockende dazu dienten, das Böse fernzuhalten oder die Hilfsgeister zu rufen.

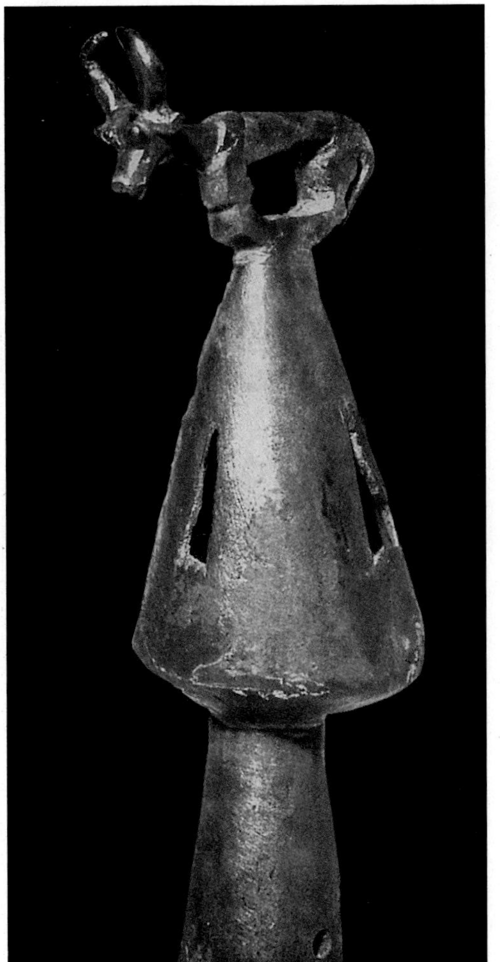

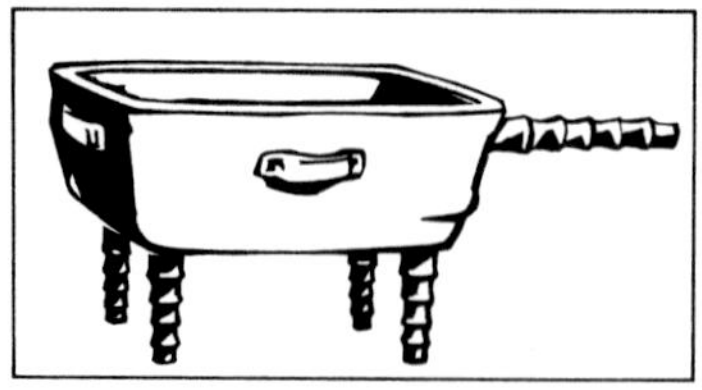

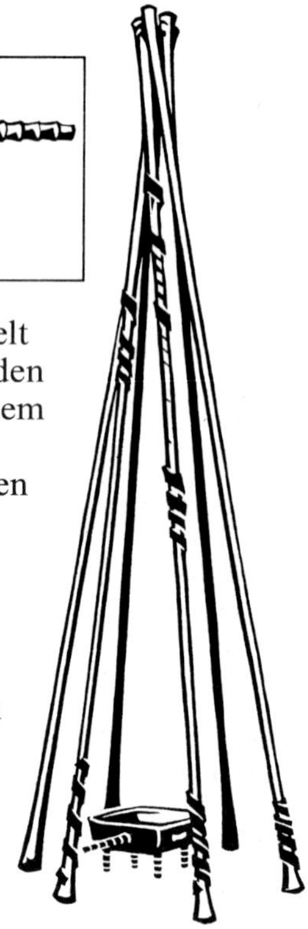

34. [A–B] In einem sakisch/skythischen Kurgan des an Grabfunden reichen Altaigebirges (5.–4. Jh. v. Ch.) fand Sergej Rudenko dieses Räucherzelt, unter dem die Skythen Hanfrauch (Cannabis indica) inhalierten.
Der griechische Geschichtsschreiber Herodot gibt eine genaue Beschreibung: „Unter einem Filzzelt streuen die Skythen Hanfsamen auf erhitzte Steine, die glühenden Samen geben Dampf von sich, den die Skythen unter fröhlichem Gebrüll genießen.“ Bei den eurasischen Schamanenritualen wurden unterschiedliche Mittel verwendet, die Halluzinationen auslösten und dem Schamanen zur Ekstase verhalfen, zum Erlebnis einer mit Visionen erfüllten Reise.
35. Ergänzte Zeichnung der Verzierung eines Applikations-Filzteppichs. Stücke des Teppichs wuden im sakisch Kurgan von Pazirik im Altai gefunden. Ein Mischwesen mit Gehörn, halb Mensch und halb Tier, kämpft mit einem merkwürdigen anderen Wesen mit dem Körper eines Vogels (Greif?).
In der schnurrbärtigen Gestalt können wir vielleicht den mit einem Gegner ringenden Schamanen erkennen – darauf lassen Kopfschmuck und Flügel schließen.

36. [A] Felszeichnung aus der Gegend des Abakan-Beckens, vermutlich mit der Szene einer rituellen Speisezubereitung. Wenn die Nomaden ein Pferd (oder anderes Tier) geopfert hatten, kochten sie das Fleisch in großen Kesseln.
[B] Hunnischer Opferkessel aus dem 5. Jahrhundert aus einer Grabung in Ungarn. Die kronenartige Randverzierung bedeutet vermutlich, daß schamanistische Zeremonielle auch in der nächsten Umgebung des Hunnenherrschers üblich waren.

37. Gravur von einem awarischen Knochentiegel aus der heutigen Wojwodina. Die zeichnerische Auffassung des von einem Hügel zum Himmel ragenden Schamanenbaumes ähnelt den Weltenbildzeichnungen der Schamanentrommeln.
38. Symbolische Schädelöffnung aus der Zeit der ungarischen Landnahme (9. Jh.). Der ungarische Volksglaube bezeichnet Menschen mit besonderen Fähigkeiten und übernatürlichen Kräften (die *táltos*-Schamanen) heute noch als „hirngebohrt".
39. Eulenkopf, Knochenschnitzel als Stockknauf, aus einem ungarischen Grab der Arpadenzeit. Manche Archäologen sehen darin das Ende eines Schamanenstockes, andere das Ende eines Peitschenstiels.

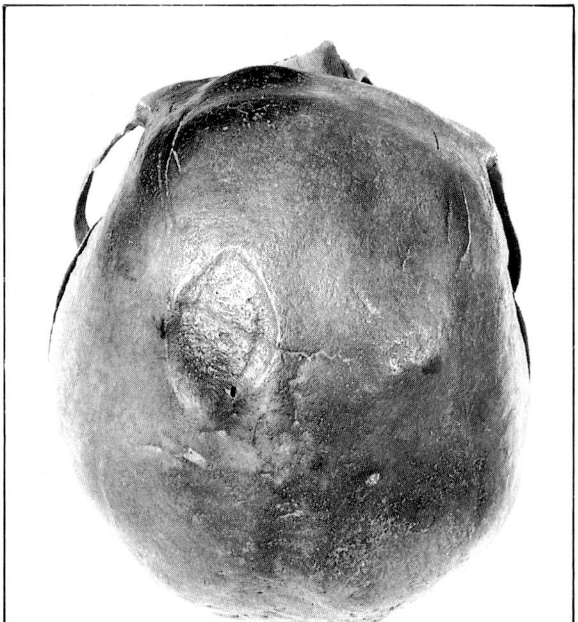

Bilder aus dem 18. und 19. Jahrhundert

40. Mitte des 17. Jahrhunderts bereiste der Holländer Nicolaus Witsen Sibirien. Seinen ausführlichen Reisebericht illustrierte er mit zahlreichen interessanten Bildern. Ein Stich zeigt einen tungusischen Schamanen mit riesigem Gehörn und übergroßem Trommelschlegel. Am Kopfschmuck der plumpen, von Haupt bis Fuß in behaartes Leder gekleideten Gestalt sehen wir zwei große Hirschohren, an den Füßen Pfoten mit Klauen – offenbar hielt man den halbwilden heidnischen „Priester" nicht für ein durchaus menschliches Wesen. Von dieser zeittypischen Einstellung abgesehen, ist Witsens Bericht ein bemerkenswertes Quellenwerk.

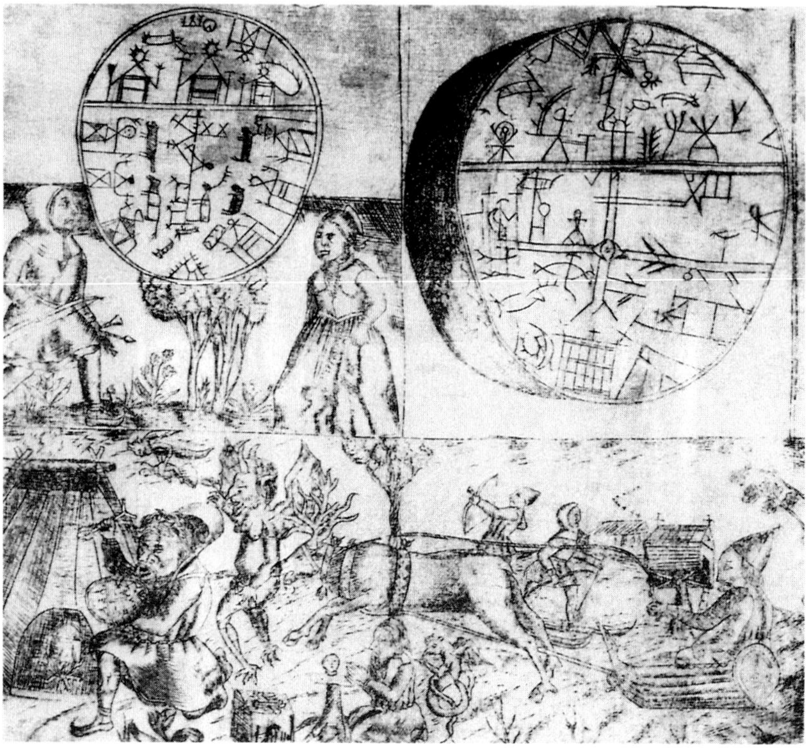

41. Stich aus der 1. Auflage der *Lapponia* von Johannes Schefferus. In den oberen Feldern zwei zeitgenössische lappische Schamanentrommeln mit magischen Zeichnungen, unten, neben dem traditionellen Wohnzelt *kota* kniend, ein Schamane *(noaide)*, der in der Ekstase die Trommel schlägt und singt.

„...*Was die Methode der Wahrsagungen betrifft, so ist diese recht unterschiedlich.* Olaus Magnus *beschreibt sie folgendermaßen: Der Trommelnde geht in eine Stube, außer seiner Frau kann ihn eine weitere Person begleiten, die die Trommel schlägt und dazu Zaubersprüche murmelt, nun fällt er in Ekstase und liegt eine kurze Zeit da wie ein Toter, derweilen achtet sein Begleiter darauf, daß ihn nicht einmal eine Fliege anrührt, denn irgendein schlechter* Genius [sic!] *entführt seine Seele in ein fremdes Land...* Samuel Rheen *berichtet, daß der Trommler ein Lied singt, das man joiike nennt, dann werfen sie sich zu Boden, auch der Trommler fällt, er liegt auf dem Bauch, und in dieser Stellung bringt man die Trommel so nahe wie möglich an seinen Kopf... Wenn er dann erwacht, zeigt er einige (von der Reise mitgebrachte) Gegenstände, um den Glauben der anderen an das, was er sagt, zu stärken. Dieses ist die erste und hauptsächliche Art, wie die Trommel benutzt wird. Die nächste ist die, wie sie die Ereignisse erfahren, die sie interessieren, wie erfolgreich die Jagd sein wird oder irgend etwas anderes, was sie vorhaben... Um das zu erfahren, legen sie ein paar Ringe auf das Bild der Sonne, das sich auf der Trommel befindet; dann rühren sie sie und singen dazu; wenn sich die Ringe zur rechten Hand hin bewegen, in die mit der Sonnenbahn übereinstimmende Richtung, dann verheißt das Gesundheit und Glück.*“

42. Lappischer Schamane in Trance, der Beschreibung von Schefferus entsprechend

43. [A] So sah Samuel Rheen im 17. Jahrhundert die lappischen Schamanen. Die Teufel entsprechen der christlichen Auffassung. Das Bild zeigt, wie wir bei Schefferus erfahren, zwei Phasen der Schamanen-Séance. Interessanterweise steht im Mittelpunkt der Zeichnungen auf der Trommel die Sonne, was darauf schließen läßt, daß das Weltbild der Sami auf sie ausgerichtet war.

43. [B] Trommelzeichnung von Schefferus, die im Aufbau der vorigen ähnelt. Sie steht hier der ursprünglichen naiven Abstraktion viel näher. Bedenkenswert ist die Vermutung, daß das Mondfeld der Trommel die Winter- und das Sonnenfeld die Sommerzeit symbolisiert.

44. Im Jahr 1767 erschien des Werk Finnmark von Knud Leem. Die darin enthaltenen Stiche zeigen außerordentlich wertvolle ethnographische Details aus dem Leben der Lappen. Herauszuheben ist das Bild des Mannes, der die Schamanentrommel hält.

45. Mongolische Schamanin. Stich aus dem Buch von J. G. Georgi

46. [A–B] Burjatische Schamanin

47. [A–B] Schamanin. Von Krasnojarsk

48. Ein tungusischer Schamane zieht einen Pfeil durch sein Gewand. In Sibirien ist – und unter den Reisenden der vergangenen Jahrhunderte war – der Glaube weit verbreitet, ein echter Schamane könne jeden Schmerz ertragen. Das will dieser Stich veranschaulichen.

49. „Kamtschatka-Schamane", so lautet die originale Bildunterschrift; er dürfte zur Ethnie der Korjaken oder der Ewenen/Lamuten gehört haben, wenngleich die Trommel nach unseren heutigen ethnographischen Kenntnissen eher einer sölkupischen Trommel ähnelt.

Ein Schamane (Vorderansicht).

51. Mongolischer Schamane aus der Völkerkunde von Friedrich Ratzel, dem ersten großen ethnologischen Sammelwerk. Der Stahlstich hält die Detail mit nahezu fotografischer Genauigkeit fest: die dichten Reihen der herabhängenden Schnüre, die Federn, die Kaurischnecken und den rasselnden Zietrat des Schlegels.

50. Schamane aus dem Altaigebiet, nach der Trommel und der Kleidung zu schließen ein Abakan-Tatare (vgl. Bild 19). *(Gegenüber)*

52. Szamojedisches Bestattungsritual aus dem Werk von G. Buschan vom Anfang dieses Jahrhunderts. Geleitet wird die Zeremonie von dem Schamanen *(tadibe)*, der dem Zug voranschreitet. Traditionsgemäß bringt man den Toten weit hinaus in die Tundra und beläßt ihm alle Kleidungsstücke, Wertgegenstände und Schlitten.

53. Ein samojedischer Schamane wahrsagt dem deutschen Reisenden Otto Fisch (1876 in der Gegend von Berjosow). Der Zeichner hat auf die Einzelheiten geachtet. Zitieren wir den Zeugen aus dem vergangenen Jahrhundert: „Dar *tadibe* trug ein verschmutztes weißes Schurzgewand, das alte, mit Eisenschellen behängte Ledergewand, so sagte er, sei nicht mehr ‚in Mode'. Zu seiner Rechten saß sein Helfer, ein Ostjake, der alles wiederholte, was sein Meister mit dünner Stimme sang. Der Vortrag begann damit, daß der *tadibe* trommelnd bekanntgab, die Geister seien erschienen und ständen hinter ihm. Hierauf teilte er uns auf samojedisch mit, er werde weissagen. Seine Weissagung trug er in kurzen Sätzen, singend und von dumpfen Trommelschlägen begleitet vor, schließlich endete er nach kräftigen Trommelschlägen mit einem dreifachen Jehehee! – Ruf."

... Sie haben mir meinen Himmelsbaum geraubt,
eine gute Unterkunft finde ich nicht,
im Feuer zerfallen meine Glieder.

ENDZEILEN EINES NENENZISCHEN ZAUBERGESANGS

Eurasische Schamanentrommelarten und Ethnien

Samanisierende Völker und Volksgruppen Eurasiens

1. Lappen/Saamen
2. Samojeden – Nenzen, Enzen, Nganassanen/Juraken/Tawgi, Sölkupen
3. Ob-Ugrier – Chanten/Ostjaken, Mansen/Wogulen
4. Paläosibirier – Tschuktschen, Itelmenen, Jukagiren, Keten, Korjaken, Niwchen/Giljaken
5. Eskimos und Aleuten
6. Ainu
7. Nepalesische Magar und andere Gruppen
8. Mongolische Volksgruppen – Bajangolen, Burjaten, Chalcha/Orjaten, Tschakaren, Urjanhaj/Tuba/Sojoten
9. Sibirische türkische und tatarische Volksgruppen – Baraba, Abakaner/Chakassen, Katschin/Lebeder, Jakuten/Saha, Kisil, Schoren/Sagaj/Teleuten, Tofa/Karagassen, Tölös, Tschelkanen, Tuwa/Todsha
10. Tungusische Völker – Dolganen, Ewenken, Dahur
11. Mandschu-Völker – Ewenen/Lamuten/Orotschen, Heshe, Hibe, Nanai/Golden, Negidalen, Orok, Sibo, Udehe, Ultscha
12. Koreaner

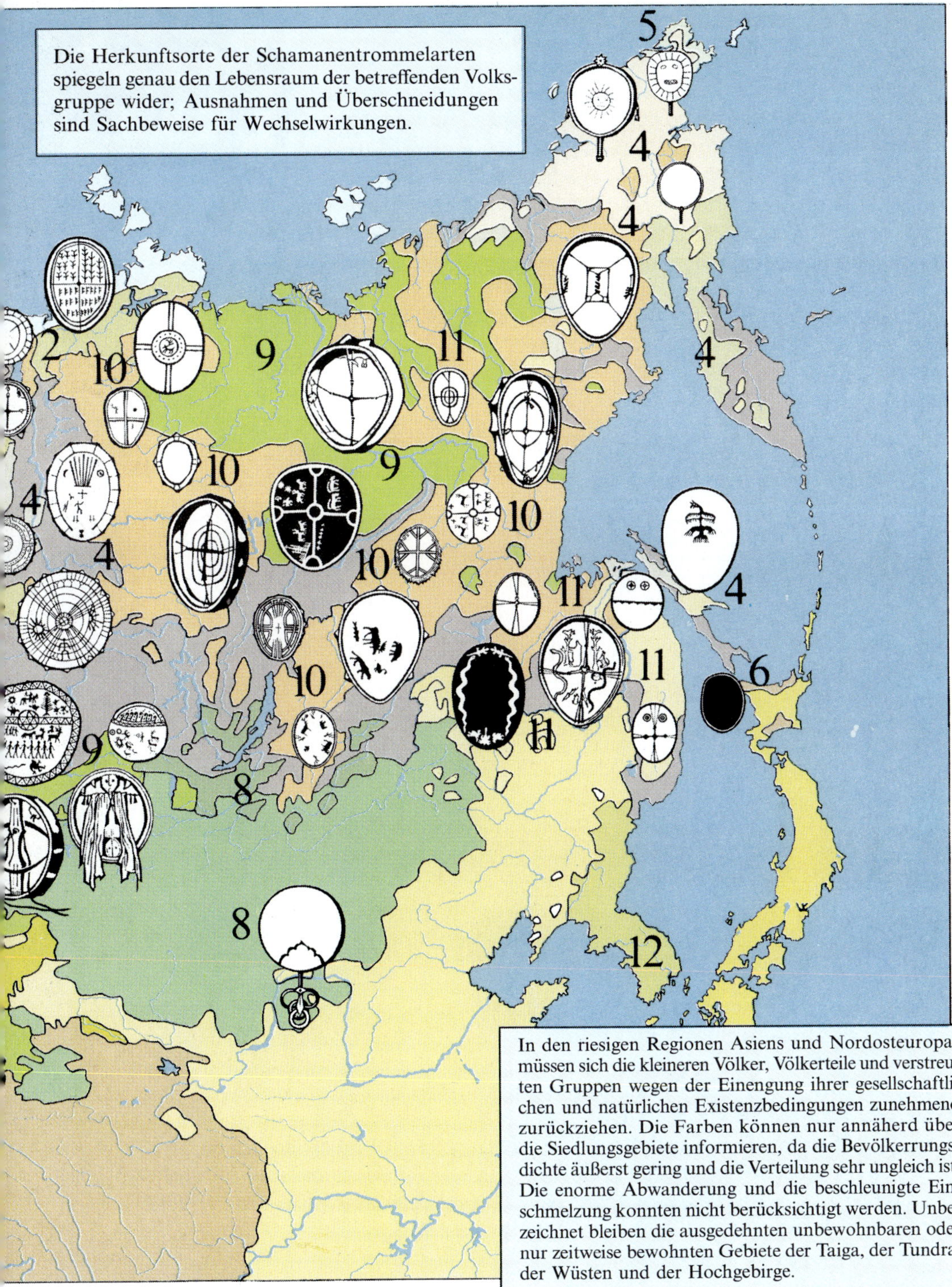

Die Herkunftsorte der Schamanentrommelarten spiegeln genau den Lebensraum der betreffenden Volksgruppe wider; Ausnahmen und Überschneidungen sind Sachbeweise für Wechselwirkungen.

In den riesigen Regionen Asiens und Nordosteuropas müssen sich die kleineren Völker, Völkerteile und verstreuten Gruppen wegen der Einengung ihrer gesellschaftlichen und natürlichen Existenzbedingungen zunehmend zurückziehen. Die Farben können nur annäherd über die Siedlungsgebiete informieren, da die Bevölkerrungsdichte äußerst gering und die Verteilung sehr ungleich ist. Die enorme Abwanderung und die beschleunigte Einschmelzung konnten nicht berücksichtigt werden. Unbezeichnet bleiben die ausgedehnten unbewohnbaren oder nur zeitweise bewohnten Gebiete der Taiga, der Tundra, der Wüsten und der Hochgebirge.

Völker und Schamanen

55. Reiterfigur des *Mannes, der auf die Welt achtet*. Teil einer mansi/wogulischen Opferdecke. Die groben Tuchdecken wurden in zwei Farben und aus unterschiedlichem Material angefertigt. Der Mann, der auf die Welt achtet (bei den Mansen *Mir-susne-hum*) ist der personifizierte Sonnengott.

56–58. Der estnische Schriftsteller und Regisseur Lennart Meri drehte 1985 bei den Chanten den ethnographischen Film *Das Volk des Gottes Torum*, in dem es um ein Bärenfest geht. Die Rituale wurden von zwei Schamanen gleitet. Nach der Bärenjagd muß der Bär symbolisch versöhnt werden – diesem Zweck dient das rituelle Schauspiel. Zugleich bietet es der Gemeinschaft Gelegenheit, sich zu treffen und die alten rituellen Gesänge, Tänze und Spiele aufleben zu lassen.

„Drei Nächte, drei Tage sitze ich in einem weichen Tuchnest und sehe durch Silbergeld auf eine Schüssel voll Fohlenfett. Fünf Nächte, fünf Tage spielen sie handverdreherische schöne Spiele, spielen sie fußverdreherische schöne Spiele…“

AUS EINEM WEISSAGUNGS-BÄRENGESANG

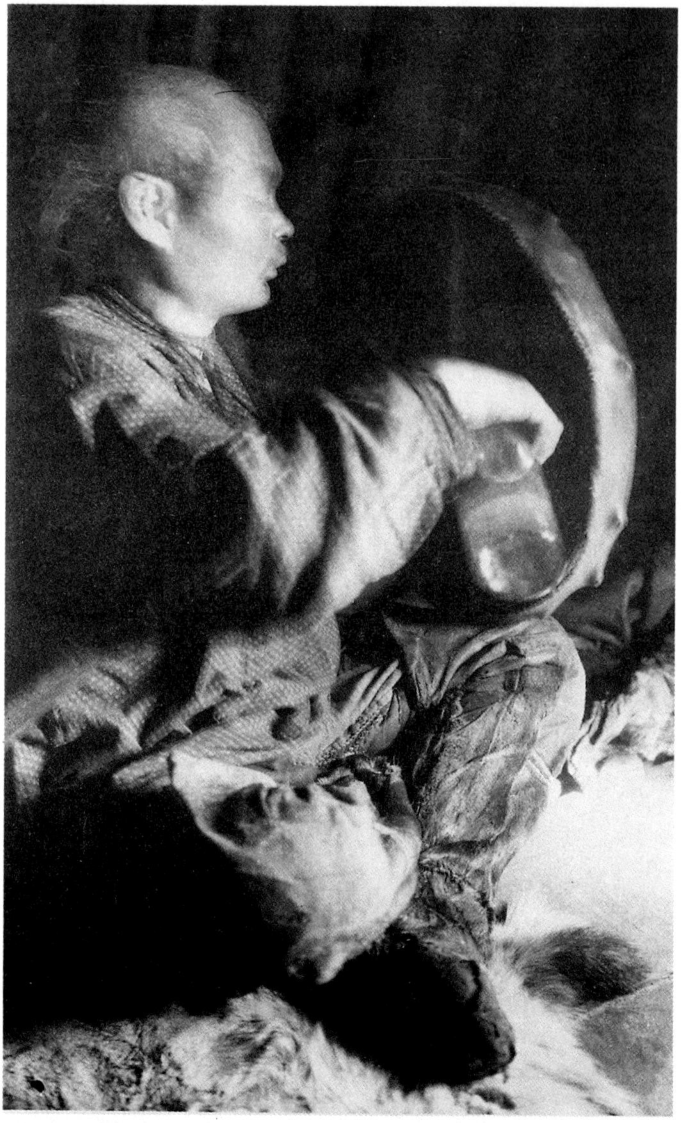

59. Der nganassanische Schamane Ganjka füllt einen Schluck Wodka in die Trommel, mit dem er symbolisch den Geist der Trommel bewirtet. Das Foto nahm Lehtisalo zu Beginn des 20. Jahrhunderts in der Gegend von Obdorsk auf.

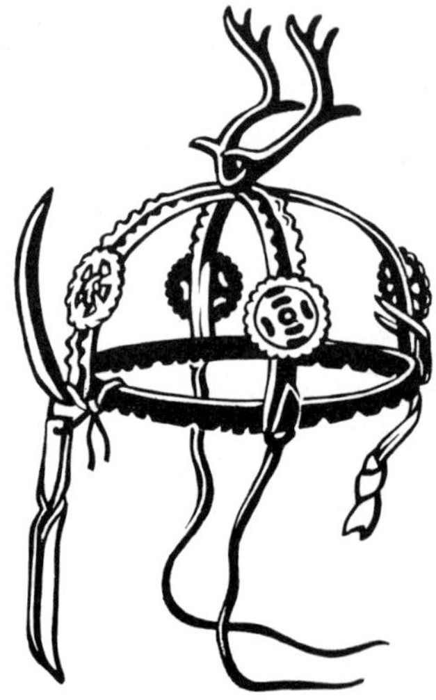

60. Reich verzierte eiserne Schamanenkrone. Das kleine Schwert oder messerartige Horn ist eine symbolische Waffe gegen die Feinde des Schamanen und gegen böse, schadende Geister.

61. Zwischen 1911 und 1913 besuchte der finnische Forscher Kai Donner die Sölkupen. Oberschamane der Samojeden am Tim war Kotschijader, über den Donner in seinem Tagebuch schreibt: „Er war einer der großen alten Schamanen, von denen es einige noch gab, und er bewachte den heiligen Ort, wo das berühmte siebengesichtige Idol verwahrt wurde... Seine magische Trommel handhabte er mit erstaunlichem Ernst und Pathos, während er zu seinen Göttern betete... Obwohl er kaum dazu zu bewegen war, sich von mir in vollem Schmuck fotografieren zu lassen, zeigte er ein gewisses Verständnis für meine Forschungsarbeit. Er war überzeugt, daß der Apparat voller böses Geister steckte, die ihn behexen konnten."

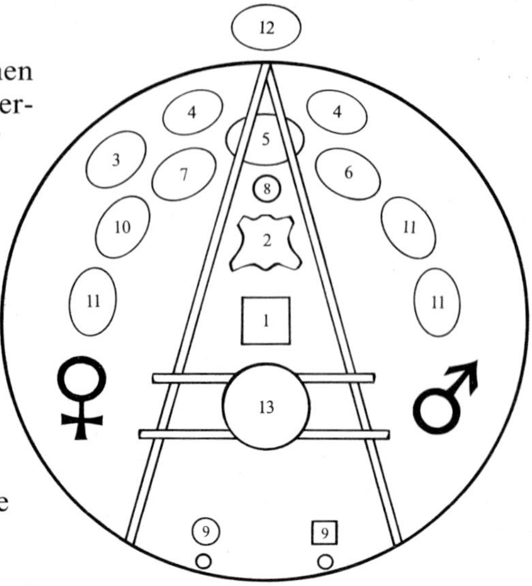

62. Zelteinteilung des nenzischen Schamanen A. Serotetto während des Rituals: 1 – Feuerstätte, 2 – weiße Haut, 3 – Darstellung der schädlichen, bösen Geister, 4 – Idole der Hilfsgeister, 5 – Götzen der guten Geister, 6 – Krankheitsgeister, 7 – der Schamane (auf dem Fell sitzend), 8 – die sieben *Sümsü*, 9 – Wasser und Handtuch, 10 – Helfer des Schamanen (mit Schelle), 11 – Schamanenhelfer, 12 – heiliger Schlitten *(Nart)*, 13 – Platz der Trommel und des Schlegels vor Beginn des Rituals. Während der Zeremonie mußte der Schamane auf dem weißen Fell sitzen. Alle Personen und Gegenstände hatten ihren traditionell bestimmten Platz.

63. Der letzte bedeutende nganassanische Schamane Demnime Kosterkin (1913–1980) bei einer Séance zur Weissagung des Wetters, während sein Helfer über der Glut die Trommel erwärmt. Ein anderer Helfer hält mit einer an der Seite des Zeltes befestigten Kette den Schamanen an seinem Platz, damit er von seiner ekstatischen Reise ins Jenseits zurückfindet. Möglich ist eine Verwandtschaft mit dem Brauch westungarischer Spielleute, einen Bären an der Kette mitzuführen – eine Praxis, die auch aus anderen Teilen Europas bekannt ist.
64. Demnime bei einer anderen Gelegenheit zu Beginn der siebziger Jahre.

65. Metallgehänge von zwei Schamanengewändern. Die Tiergestalten symbolisieren die Hilfsgeister des Schamanen.

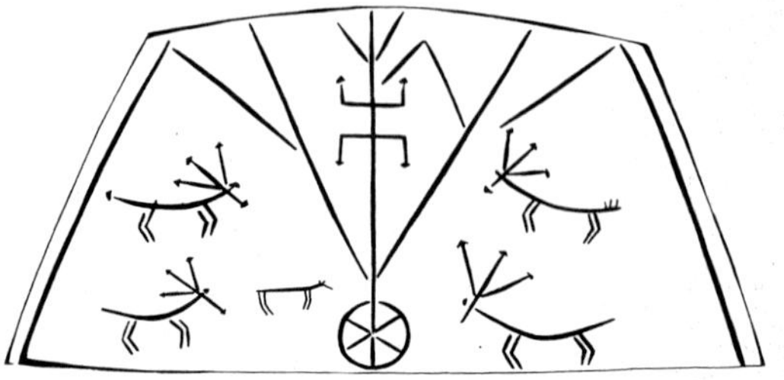

66. Mythologisches Weltmodell an der Rückseite einer Rückenlehne an einem ketischen Schlitten.

67. Ein Schamane mit seiner Helferin. Die Aufnahme entstand zu Beginn des Jahrhunderts. Erstveröffentlichung

68. Ketischer Schamane, fotografiert von Uno Harva auf einer seiner ersten Sibirienreisen. Die eisernen Verzierungen am Gewand ordnen sich zu einem Skelett und symbolisieren die Wiedergeburt des Schamanen (vgl. Bild 83).

69. Schamane der Jukagiren
70. Eskimo-Trommel, darauf eine Sonnendarstellung mit menschlichem Gesicht und Strahlen
71. [A] Handtellergroßes Amulett mit einer Sonne *(Keng)*, auf Bestellung eines Schamanen aus Holz hergestellt. [B] Dieses holzgeschnitzte Amulett mit dem Sonnensymbol wurde bei den Niwchen den Kranken auf die Brust gelegt.
72. Bei den Korjaken gab es bis in die jüngste Vergangenheit in jeder Familie eine oder mehrere Personen, die schamanisieren konnten. Auf die Kunst des Trommelns verstanden sich alle – so war es besonders zu Beginn des Jahrhunderts, als diese Aufnahme entstand.

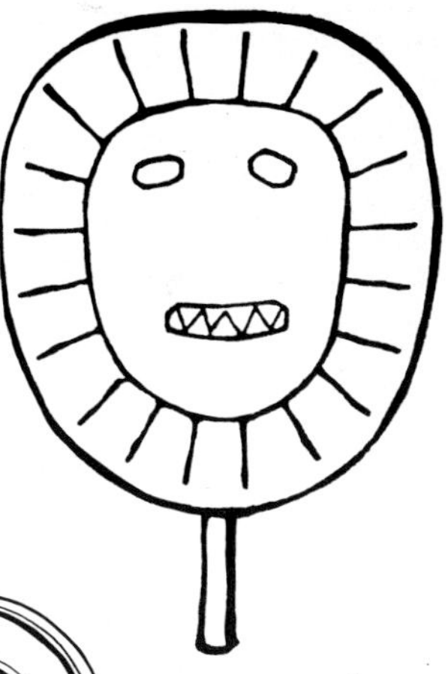

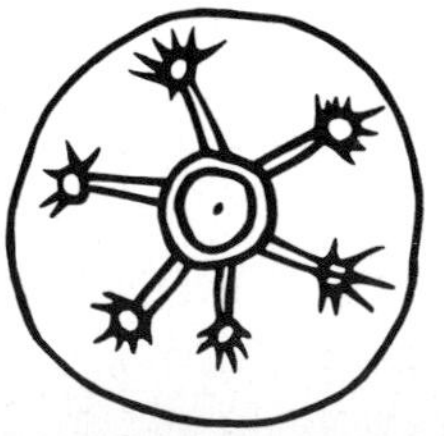

73. Schamanin der Schoren mit reich verzierter Schamanentrommel. Deutlich erkennbar ist die Zweiteilung der Welt; im oberen Feld sehen wir die Himmelskörper und den Schamanenhelfer *(tin bura)*.
74. Bald nach 1910 weilten die schwedischen Wissenschaftler J. G. Granö und K. Hildén bei den sogenannten *„Lebedj"*-Tataren in der Gegend von Abakan, wo sie eine wertvolle Fotoserie über die dortigen Schamanen anfertigten. Diese hatte keine spezielle Kleidung mehr, jedoch noch ihre traditionelle Trommel.
75. Granö fertigte eine Fotoserie über diesen Schamanen an, der trotz Tageshelle und Aufenthalt im Freien empfindungsvoll seine Gesänge und seine Trommeltechnik demonstrierte.

76. 1914 begann der von den Sagai abstammende Forscher S. D. Majnagaschew, mit Kamera und Phonograph ausgerüstet, Aufnahmen von seinem Volk zu machen. Eine ganze Fotoserie entstand über ein Pferdeopfer, das von einem Schamanen geleitet wurde. Dieser hockt vorn, vor der kleinen Birkenhütte.

77. Pferdeopfer waren bei den eurasischen Nomadenvölkern seit Urzeiten üblich. Sie sollten bewirken, daß das oberste Himmelswesen den Menschen Wohlstand und Reichtum (Vermehrung des Viehs) gewährte. Der Schamane hatte dabei die Aufgabe, die Seele des Opfertieres vor den Herrn des Himmels zu führen.

78. Die Frauen kochen ein Festessen für die Teilnehmer an der Opferung. Das auf Glasplatten von ausgezeichneter Qualität festgehaltene Bildmaterial ist im Grunde die erste echte visuelle Mittelung in der Geschichte der russischen Ethnographie.

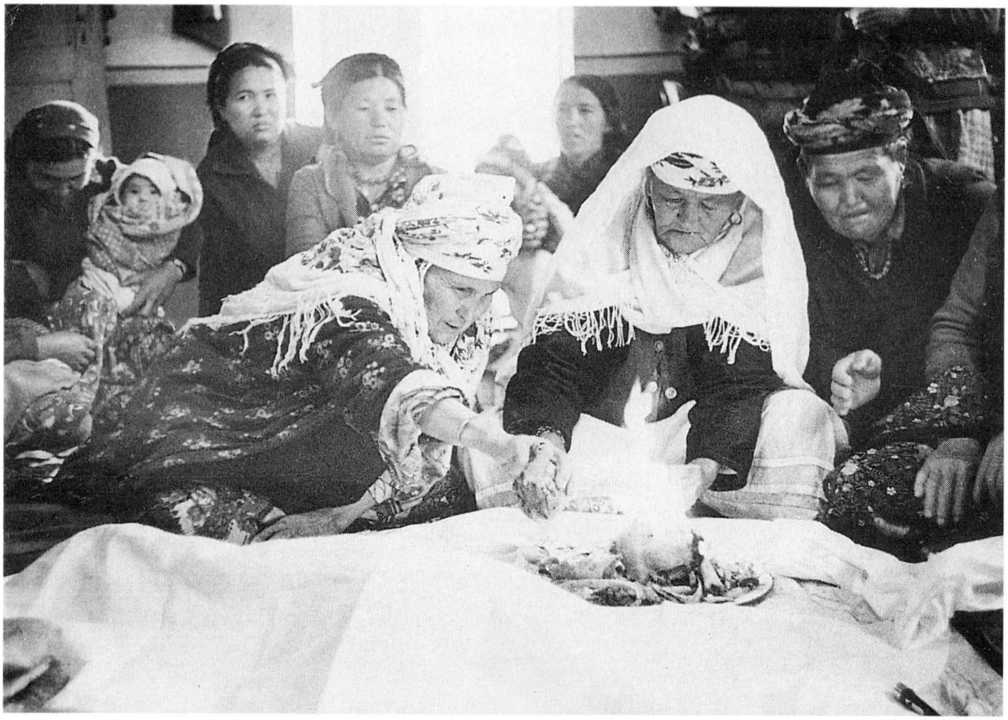

79. [A] Zwei usbekische Schamaninnen (Nobat und Aidai) mit weiblichen Vewandten. Auf dem ersten Bild zünden sie geweihte Kerzen für die *chiltan*-Geister an.
[B] Sie stellen die Kerzen auf eine Platte, auf der die Überreste eines Opferlamms liegen. Aidai beginnt zu trommeln und ruft singend die Schamanengeister, wobei sie langsam in Ekstase gerät.
[C] Auch Nobat beginnt zu singen; sie schließt die Augen, ihr Gesicht zeugt von Trance.

80. Ein usbekischer männlicher Schamane *(baksi),* Taschmat Kholmatow, in Frauenkleidung. Beispiel für die rituelle Doppelgeschlechtigkeit

81. Jakutischer Schamane zu Beginn des Jahrhunderts. Die berühmte Dokumentaraufnahme stammt von Waldemar Jochelson. An der Kleidung des Schamanen *(ojun)* sieht man gut die vogelförmigen schmiedeeisernen Behänge, Helfer des Schamanen bei seinen ekstatischen Reisen.

82. Foto aus einem ethnologischen Sammelwerk vom Ende des 19. Jahrhunderts. Wie auf Bild 81 ist auch hier deutlich der typische, kreuzförmige schmiedeeiserne Griff der jakutischen Schamanentrommel zu erkennen.

83. Diese Schamanin gehört der altaiisch-türkischen Volksgruppe der Tofa an. Eine Fotoserie zeigt, wie sie sich mit ihrer großen Trommel im Kreis dreht. Die Kleidung schmückt ein skelettartiger Aufsatz, ein Hinweis auf die Fähigkeit des Schamanen zur Wiedergeburt.

84. Kopfschmuck eines tuwinischen Schamanen. Die schmalen Bänder dienten dem Schamanen dazu, die Augen und das Gesicht zu verdecken; so geriet er leichter in Trance.

85. Foto eines sojotischen Schamanen vom Anfang des Jahrhunderts. Der Kopfschmuck aus Vogelfedern erinnert an den der nordamerikanischen Indianer.
86. Atelieraufnahme eines St. Petersburger Fotografen. Art der Tracht und des Kopfschmucks lassen vermuten, daß es sich um eine sojotische Schamanin handelt. Das anderswo noch nicht veröffentlichte Bild liegt im Archiv des Nationalmuseums in Helsinki. Die reiche Verzierung der Trommel spricht ebenfalls für die Authentizität des Bildes.

87. [A] Eingeritzte Verzierung einer burjatischen Schamanentruhe. Zwischen den gut unterscheidbaren Symbolen von Sonne und Mond (links) stehen vermutlich ein Mann und eine Frau, möglicherweise ein Kind und ein Pferd; dazu einige extrem vereinfachte Gegenstände (z. B. ein Bogen).
[B] In solchen Schamanenkästen auf Pferdebeinen verwahrte man die für Zeremonien benötigte Ausrüstung. Der Bogen, der auf beiden Behältnissen eingeritzt ist, ist ein uraltes Zaubergerät des Schamanen.
88. Schmiedeeiserne Schamanenkrone aus einem burjatischen Grab, vermutlich aus dem 19. Jahrhundert. Den Kopfschmuck verzieren Hörner und Gehänge, hinten hängt lang eine ebenfalls schmiedeeiserne, fünfteilige „Haarsträhne“ herab, die den Weg der Seele symbolisiert. Möglich, daß es sich um die Kopftracht eines Schamanen *(böö)* mit außergewöhnlichen Fähigkeiten handelt.
89. Bronzener Gewandschmuck aus einem Schamanengrab. Durchbrechungen, Guß und Ornamentik zeugen vom Einfluß fremder Kulturen.
90. Burjatischer Schamane mit Trommel und schwertähnlichem Gerät. Arbeit eines unbekannten Fotografen aus dem Archiv von T. M. Michailow, entstanden in den vierziger Jahren.

91. Der Schamane *Otschir (böö)* auf einem Foto von Granö, das 1909 auf Streifzügen im Bajangol entstand. Auf einem der menschlichsten Bilder aus der Geschichte des Schamanismus blickt uns ein schäbig gekleideter, niedergeschlagener alter Schamane an.

92. Der Schamanen-Gott *Dajan degereki* (oder *Dajin Derhe*), Schutzherr der schamanischen Weihen bei den Mongolen und zugleich als Berggeist und machtvoller Schamane verehrt. Der Holzschnitt aus einem alten Manuskript zeigt ihn als einen auf einem Pferd einhergaloppierenden Helden, die Peitsche in seiner Hand symbolisiert die Schnelligkeit; nach den Mythen vermochten die Schamanengeister bzw.-götter mit einem einzigen Peitschenschlag einen weiten Weg zurückzulegen. Nach einer anderen Sage verwandelte sich Dajan nach seinem Tod in eine steinerne Gestalt; diese Gestalt stand am See Hövsgöl, wo bis zum Vordringen des Lamaismus die Schamanen geweiht wurden.

93. Schamane *(böö)* der Urjanhaj aus der Nähe des Sees Hövsgöl in der heutigen Mongolei. Im Reich der mongolischen Großchane erhielt der Schamanismus den Rang einer Staatsreligion, der Oberschamane gehörte zu den wichtigsten Beratern des Chans. Der Schamanismus lebte auch weiter, als sich im Volk der Lamaismus verbreitete, er überlebte sogar die Verfolgungen durch den Kommunismus. Ein erstes Anzeichen für seine Wiedergeburt ist es, daß sich die Einheimischen des Schamanismus nicht schämen, sondern auf die alten Traditionen und ihre letzten Vertreter stolz sind.
So gelang es dem ungarischen Ethno-Photographen László Kunkovács, den alten Schamanen aufzusuchen.

94. Dieser alte Mongole lebt als Hirt, aber er besitzt noch sein Schamanengewand und seine Trommel. Sehr selten, wenn es einen besonderen Anlaß gibt – etwa zum Filmen oder bei ausländischem Besuch –, kleidet er sich mit Hilfe seiner Tochter ein.

95. „Männergesicht" [A] und „Frauengesicht" [B] einer Schamanentrommel aus Nepal. Das rhombische Symbol gehört natürlich auf die weibliche Seite, dem männlichen Stern gegenüber (links oben).
96. Volksgruppe der Magar, Nordwestnepal; rituelle Geburt eines neuen Schamanen auf dem „Lebensbaum", der dem kosmischen Baum entspricht. Der Kandidat muß stundenlang mit verbundenen Augen auf einem im Baum befestigten Sitz sitzen. Bei dieser letzten Prüfung entscheidet sich, ob er als Schamane imstande sein wird, zwischen den Menschen und der außerirdischen Welt zu vermitteln.
97. Schamane der Magar in Nepal *(jhāṅgāki)* aus der Kaste der Schmiede. Mit Schellen, Ratschen und Trommel ruft er die Geister herbei.
98. Schamanenschelle aus Nordwestnepal.

99. In den endlosen Gebieten Ostsibiriens leben die tungusischen Völker, die eine große Sprachfamilie mit den Mandschu bilden. Die zu den Tungusen gehörenden Ewenken sind bis heute Rentierhalter und Nomaden; dank ihrer Isoliertheit leben bei ihnen noch viele archaische Züge des sibirischen Schamanismus. Unser Bild zeigt „Harnisch" und „Schurz" eines ewenkischen Schamanen aus der Krasnojarsker Gegend; die Reproduktion ist dem mittlerweile klassischen Werk von S. W. Iwanow entnommen, der in den fünfziger Jahren zusammenfassend über die Volkskunst der Völker Sibiriens schrieb.

100. Großer Schamane der Ewenken, vermerkt knapp die Inventarliste von dieser meisterlichen Porträtfotografie aus dem Jahr 1913. Neben dem Schamanen am Baum die Beschläge seines Gewandes

101. Diese Zeichnung findet sich in dem 1922 erschienenen Buch von Donner, sichtlich liegt ihr das obige Foto zugrunde. Letzteres wurde bisher nie veröffentlicht, lediglich die Zeichnung fand in anderen Publikationen Verwendung, wobei zahlreiche Details durcheinandergebracht wurden. So gut die Zeichnung auch sein mag, hinsichtlich der zuverlässigen Einzelheiten und der Bewertung läßt sie viel zu wünschen übrig.

102. Die Maske eines ewenkischen Schamanen aus der Sammlung des Russischen Ethnographischen Museums in St. Petersburg

104. Anders als die steifen Ethno-Fotografien des beginnenden Jahrhunderts (vgl. Bild 102), ist dies eine empfindsame Wiedergabe des Schamanisierens. Über die betagte Schamanin – hier beim Erwärmen der Trommel am Feuer – hat Andris Slapins bei den südjakutischen Ewenken einen Film gedreht. *(Rechts)*

103. Ewenkischer Schamane. Wie seinerzeit üblich, vor weißem Hintergrund aufgenommen. Der Brustschmuck ist noch traditionell, die Trommel aber weicht erheblich von der bei den Ewenken gebräuchlichen ab. Die kleinen Hörner an der Kopfbedeckung sind Reste eines Kronengeweihs.

105. Orotschischer Schamane 1959 bei Dreharbeiten zu einem ethnographischen Film. Diese Gruppe der Orotschen lebt im Nordosten Chinas; sie sind halbnomadische Jäger. Die Kleidung ist reich verziert und weist eine erstaunliche Ähnlichkeit mit der auf Bildern auf, die Jahrzehnte früher entstanden. Bemerkenswert ist die kreuzförmige Zeichnung der Trommel.

106. Kleid der orotschischen Schamanin Numintschen. Aus der Sammlung von Ethel J. Lindgren in der Mandschurei, 1932. Dicker, rötlicher Stoff, unterer Saum mit Lederfransen. Vorne 38, hinten 7 chinesische Messingspiegel *(toli)*. Unter den Spiegeln Schlittenglöckchen.
107. Der Kopfschmuck *(awun)* ist eine Ledermütze mit geschmiedetem Geweih *(ijular)* mit einem Kuckuck *(kaku)* dazwischen. Der Vogel warnt den Schamanen vor nahenden Gefahren.
108. Solonischer Schamane von hinten. Der „Schwanz" *(irginda)* besteht aus 12 bestickten Bändern, drei sind aus weißem Pferdeleder.

109. Ein Schamane der Ewenken (oder Orotschen) zeigt im Oktober 1990 in voller Tracht sein Können. In China wurden trotz der ideologischen Alleinherrschaft des Kommunismus die ethnischen Minderheiten und Volksgruppen nicht, wie anderswo, wegen ihrer Glaubenspraktiken verfolgt. So konnten die Bräuche nicht nur überleben, sondern auch viel Archaisches bewahren. Die Kleidung des hier abgebildeten Schamanen ähnelt in vielem der Schamanentracht bei den Solonen und Dahur. Die Kaurischnecken, die den Kragen schmücken, sollen Böses fernhalten. Die Krone scheint neu, entspricht aber traditionellen Mustern.

110. Metallzierat von einem orotschichen Schamanenkostüm. Alle Anhängsel haben eine bestimmte Eigenbedeutung. Das Gebilde, das an ein Fischskelett erinnert, symbolisiert einen (unterweltlichen) Hilfsgeist in Fischgestalt.

111. Orotschischer Schamane ruft mit seinem Tanz die Geister. Bei dieser Volksgruppe wurde 1990 ein ethnographischer Dokumentarfilm gedreht (deshalb nahm man die Deckplanen des Zeltes ab). Beachtung verdienen die neu aussehende, aber traditionell gestaltete bebänderte Hirschkrone und die großen Metallscheibenspiegel am Rücken des Schamanen, die das Böse fernhalten sollen.

112. Bilder aus einem erstmals 1992 veröffentlichten Schamanen-Manuskript der Mandschu aus dem 18. Jahrhundert. Interessant ist, daß die exakte Beschreibung des Ablaufs der Rituale von schwungvollen Zeichnungen begleitet ist, die einfühlsam die Körperhaltung der Schamanen beim Tanz und die abwechslungsreiche Trommeltechnik veranschaulichen. In den diesbezüglichen Textpassagen heißt es:

... Wenn die Schamanin zum erstenmal aufsteht
und mit singender Stimme betet,
schlägt der Trommler fünfmal auf die Trommel
und schüttelt der Schellner dreimal die Schelle.

... Die Schamanin steht zum
zweitenmal auf, gerät, sich nach vorn
beugend und nach hinten neigend,
sich wie eine Schlange windend und
ihr Glöckchen schüttelnd, in Trance
und schlägt zweimal auf ihre Trommel.

...Wenn die Schamanin zum drittenmal in Trance fällt und singend betet, schlägt der Trommler viermal auf die Trommel.

AUS DEM BUCH DER SCHAMANIN NISAN

113. Nachwusch-Schamane der Nanai übt sich im Trommeln. Das Bild, dem eine gebrochene Negativscheibe zugrunde liegt, wurde noch nie veröffentlicht, obgleich der festgehaltene Augenblick sehr aussagekräftig und die Aufnahme (von 1929) ein frühes Dokument aus dem Alltag des Schamanismus ist. Der Junge ist nicht als Schamane gekleidet.

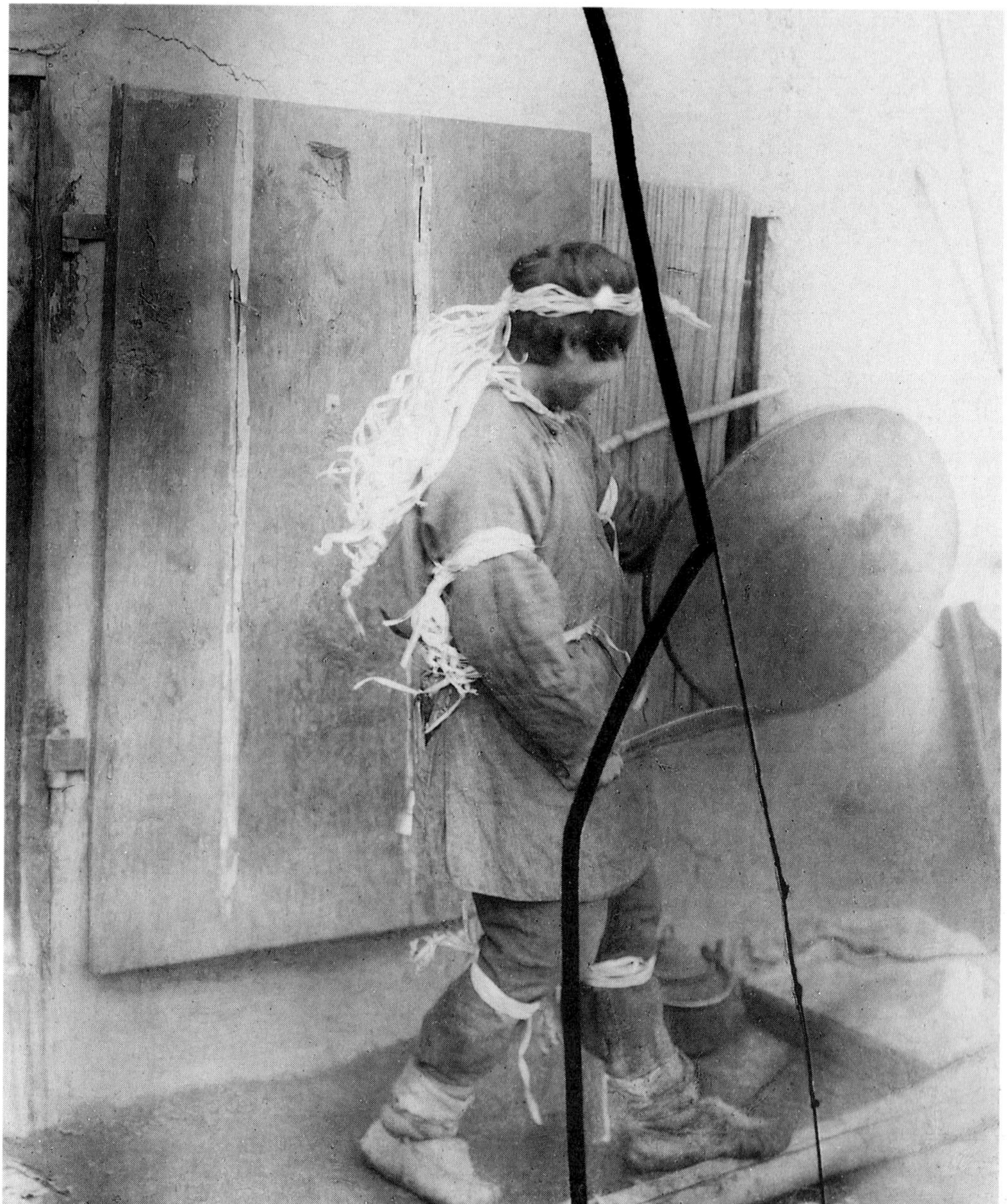

114. Eine achtzigjährige Nanai-Schamanin im Sommer 1993 aus dem Dorf Daerge am Amur. Mit dem Heilungsritual und dem Gesang will sie versuchen, einem Verwandten die ständigen Kopfschmerzen zu nehmen.

115. Bei den Udehe am Amur wurde die Halterung der Schamanentrommel aus Birkenholz gefertigt und die in zwei Teile gegliederte Welt eingeritzt, die bevölkert ist von den Hilfstieren der Schamanen. Unten in der Mitte steht vermutlich der Schamane selbst mit einer ungewöhnlichen, turbanähnlichen Kopfbedeckung.

116. [A–B] Trommel mit dem Bild eines Adlers. Der Adler als kraftspendender Geist galt den sibirischen Schamanen als stärkster Helfer. Das Bild verdeutlicht die Fähigkeit des Vogels, Sturm zu bringen. Ähnliche mythologische Wesen kommen neben vielen anderen Parallelen bei den Aleuten, den Eskimos und den Indianern vor.

117. Schamanengewand der Udehe, Teil der Rückseite. Ein seltenes Museumsstück: es ist aus Fischhaut hergestellt. Die Bemalung – so das Schlangenpaar oder daneben die beiden Sonnensymbole und die sonstigen, großenteils paarigen Motive – konnten im Kontext der schamanischen Mythologie eine vielfältige Bedeutung haben. Bedauerlicherweise wurden beim Sammeln keine ausführlichen Notizen gemacht; auf der Inventarkarte heißt es lediglich: „Die Zeichnungen stellen Geister dar.“

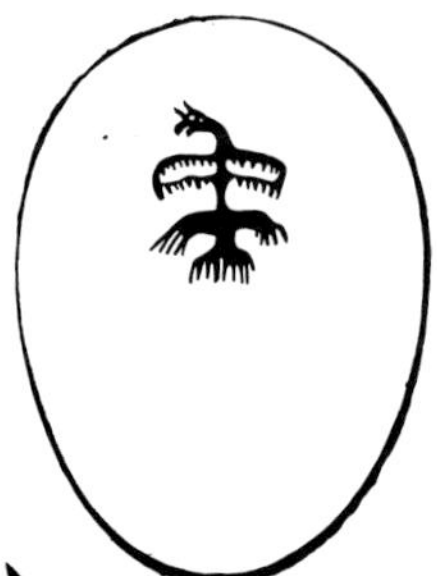

118. Zwei wichtige Gerätschaften der koreanischen Schamanen sind der Schellenstock und der Fächer. Auf dem Fächer sehen wir die Sonne und den Mond, dazwischen drei Buddhas mit weißer Kopfbedeckung. Der Schellenbusch mit Gabelstiel in der Hand der koreanischen Schamanen dient dazu, die Geister herbeizurufen, und wird bei dem stundenlangen Ritual *(kut)* oft benutzt. Die Zahl der kugelförmigen kleinen, glöckchenartigen Schellen betrug traditionsgemäß sieben.

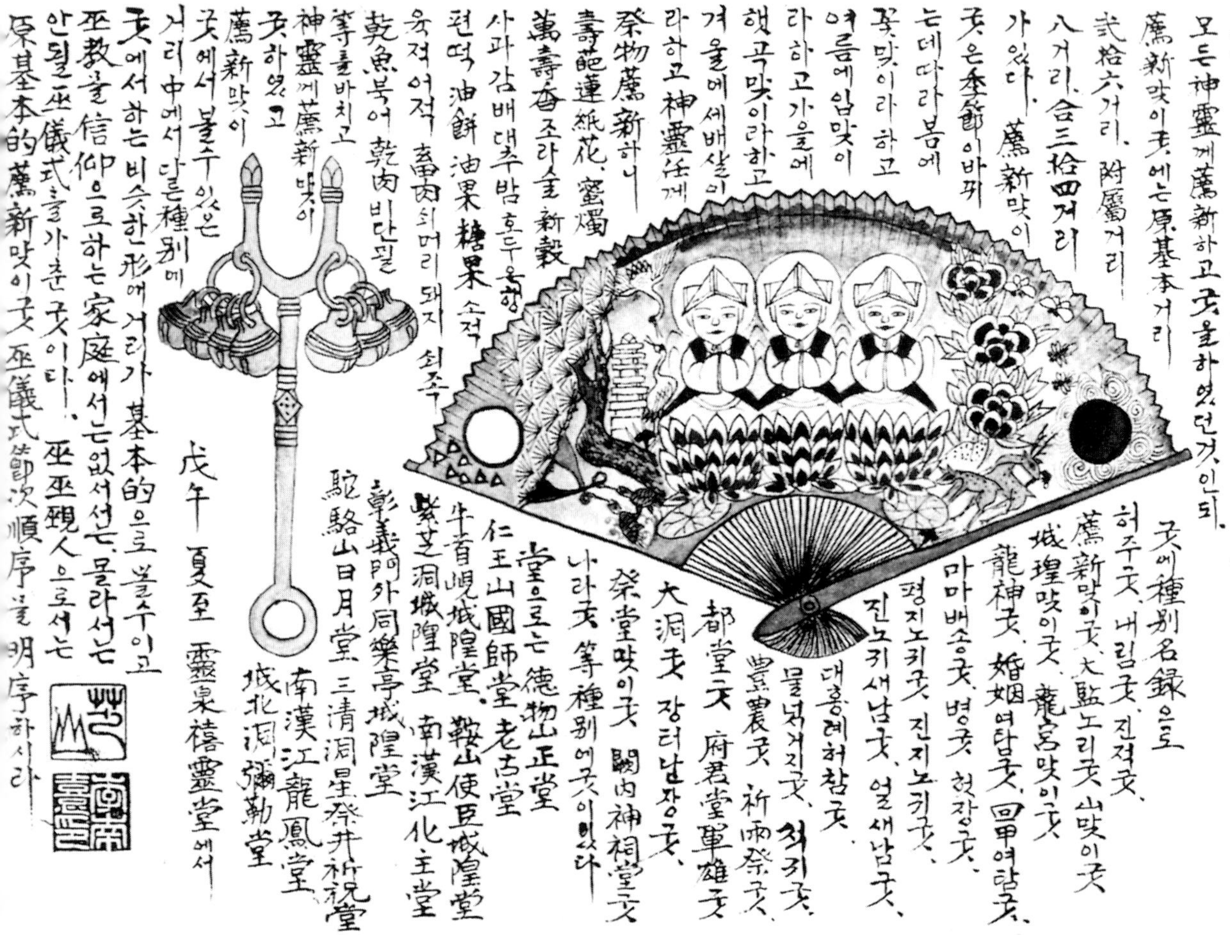

119. Koreanische „Schamanen-Ikone", dargestellt ist die betagte Ondang Taeshin. Die Seidenmalerei blieb aus den Jahren nach 1700 erhalten. Sie beweist zusammen mit ähnlichen Stücken die Kontinuität der Tradition und zeigt zugleich den Einfluß des Buddhismus auf den koreanischen Schamanismus, dessen Anfänge auf das 5. Jahrhundert anzusetzen sind. *(Gegenüber)*

120. In Söul, der Hauptstadt Südkoreas, sind derzeit mehr als tausend Schamaninnen *(mudang)* aktiv. Ende Juli 1991 konnte der Autor an einem ganztägigen Ritual unter der Leitung der einundsiebzigjährigen Schamanin Hong Insun teilnehmen. Das Ritual führte ein angehendes Ehepaar in das Zusammenleben ein, für das sie Glück, Gesundheit und Wohlstand erwirken wollte. Die erste Phase der Zeremonie besteht darin, daß sie Stück für Stück auf die Trommel gelegte Kleidungsstücke von unterschiedlicher Farbe und Bedeutung aufnimmt und sich dazu im Tanz dreht.

121. Wenn die mudang ein Kleidungsstück nimmt, vereinigt sie sich mit dem durch die Kleidung symbolisierten Geist, so daß sie diesen nun personifiziert. Sie wechselt die Rollen, indem sie sich während des Rituals mehrmals umzieht. In der rechten Hand hält sie den typischen Fächer, in der linken den Schellenbusch.

122. Nur Minuten vom Zentrum von Söul entfernt, liegt der heilige Berg In'wang. Dieses seltene Weiheritual wurde im Juli 1991 aufgenommen. Die junge Schamanin betet für einen älteren Schüler, der erst jetzt von den Geistern die Berufung erhalten hat. In das Feld ist eine sitzende Gestalt gehauen, vielleicht Buddha; auf ihren Gong schlagend, zelebriert die Schamanin vor diesem Naturaltar.

123. Das schamanistische Ritual *ch'onsinmaji kut* auf einer alten Wasserfarbzeichnung. Bemerkenswert ist, daß die Schamanin in Trance, besessen vom Geist des Feldherrengottes, mit bloßen Sohlen auf die scharfen Klingen zweier Häckselmesser tritt, um ihre schamanistischen Fähigkeiten auch damit zu beweisen, daß sie sich nicht verletzt.

124. Diese professionelle Schamanengruppe führt an einer Opferstätte in einem Vorort von Söul ein ganztägiges *kut*-Zeremoniell vor. Hier imitiert die Oberschamanin im Zustand vor der Trance den Tanz der Pestgottheit *pyol sang gori*. Die Bänder, traditionell in fünf Farben, werden beim Weissagen verwendet. Rot bedeutet immer etwas Gutes.

125. Die Schamanin demonstriert beim *kut* das Weissagen und trägt die Weissagung des Feldherrengottes vor, der zu den Schutzgeistern der Schamanen gehört. Die beiden Bambusstangen, an die sich die *mudang* klammert, symbolisieren die doppelte Weltsäule.

126. In einem Heiligtum nahe bei Söul zeigten im Sommer 1991 örtliche Schamaninnen den Teilnehmern einer internationalen Schamanismus-Konferenz ihr Können. Hier tanzt eine Schamanin in Trance; sie ist besessen von Gott-Geist eines Feldherren, dessen Mandschu-Kleidung sie trägt.

127. Die Schamanin, die das Ritual leitet, drückt sich vom Pockengott-Geist besessen ein spitzes Messer *(wŏldo)* an die Kehle, natürlich ohne sich zu schneiden.

128. Zu den koreanischen Schamanenritualen gehört, daß sie Unmengen Opferspeisen (Gebäck, Früchte) anhäufen, die für die Götter bestimmt sind. Links, zwischen den rituellen Attributen, sehen wir eine Kopie der Silla-Krone aus dem 10. Jahrhundert (vgl. Bild 152).

129. In einer Phase des ganztägigen Schamanenrituals legt die leitende Schamanin die Kleidung des Pestgottes *(pyol sang gori)* an und ahmt ihn in Trance tanzend nach. In den Händen hält sie zwei Hauptattribute der koreanischen Schamanen, eine Art Schwert *(wŏldo)* und eine große, dreizackige Gabel *(samji-chang)*.
An der Wand im Hintergrund sind die Bilder schamanistischer Gottheiten zu sehen, der Tisch bricht fast zusammen unter dem Opfergebäck und den Früchten.
Die Trommel am rechten Rand gehört zu den Musikern, die das Ritual begleiten.
Im Vordergrund ein zum Blutiges-Fleisch-Opfer zerteiltes Schwein. Die Probe mit dem Schweinefleisch ist ein wichtiger Teil des Rituals. Die *mudang* fragt die Fleisch essenden und Alkohol trinkenden Geister, ob sie das Opfer annehmen, dann nimmt sie das Fleisch (oder den Schweinekopf) auf die dreizackige Gabel und versucht zu balancieren. Dieses Bild ist besonders eindrucksvoll wegen der bunten, durchkomponierten und fast barocken Überladenheit des koreanischen Schamanenrituals *(kut)*.

Schamanensymbole

Die Kleidung der Schamanen ist im Ganzen wie in den Teilen mit symbolischen Bedeutungen ausgestattet. Da der Schamane zwischen den Geistern und der Welt der Menschen vermittelt, drückt sich auch das in der Symbolik seiner Kleidung aus, indem sie den Geist eines Tieres oder anderen Wesens bezeichnet, das dem Schamanen hilft. Die Tiere können sich unter anderem als Vogel, Hirsch, Bär oder Fisch darstellen. Bei zahlreichen Völkern verfügen die Kleider über magische Kräfte, denn in ihnen hat der Schamane Kontakt zum Reich der Seelen und Geister.

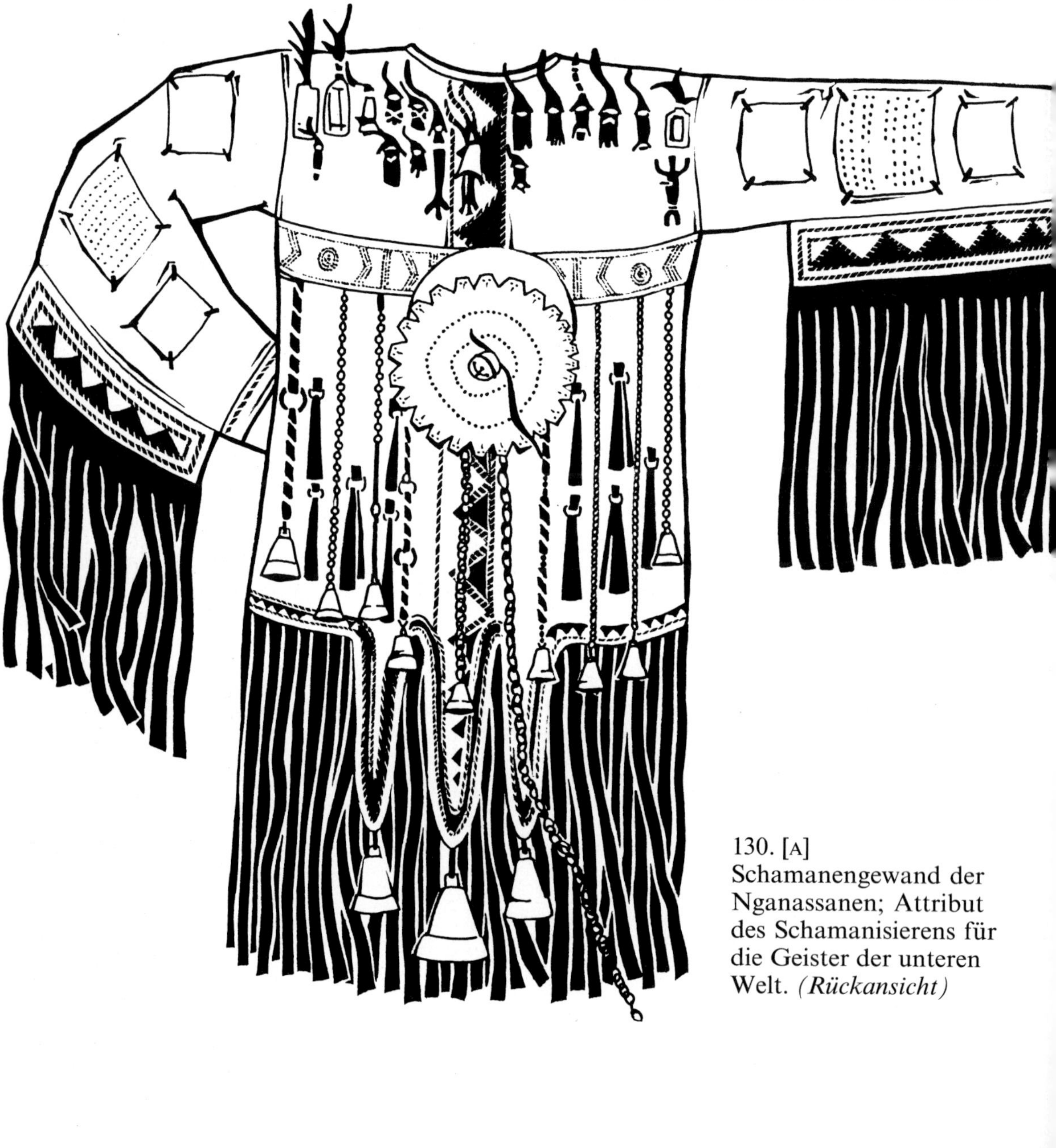

130. [A]
Schamanengewand der Nganassanen; Attribut des Schamanisierens für die Geister der unteren Welt. *(Rückansicht)*

Der nganassanische Schamane hat für die verschiedenen Rollen eigene Kleidungsstücke, die er dem Anlaß entsprechend anlegt. Wichtigstes Stück war ein mantelartiger Kittel, vorn und hinten mit Tiergestalten aus Eisen und Aluminium, mit Schellen, Rasseln und Glöckchen behängt. Am Rückenteil waren eiserne Verzierungen in der Gestalt von Tauchrögeln, Gänsen und Schwänen befestigt. Die symmetrisch angeordneten, perforierten Messingplatten *(tankaza)* an den Ärmeln symbolisieren den See, wo die Vogel-Hilfsgeister des Schamanen wohnen. Die große, scheibenförmige Metallplatte am Rücken ist die Sonne, die halbkreisförmige der Mond. Aus Kupferblech besteht der Zierat, der die mundlosen sieben bösen Geister symbolisiert.

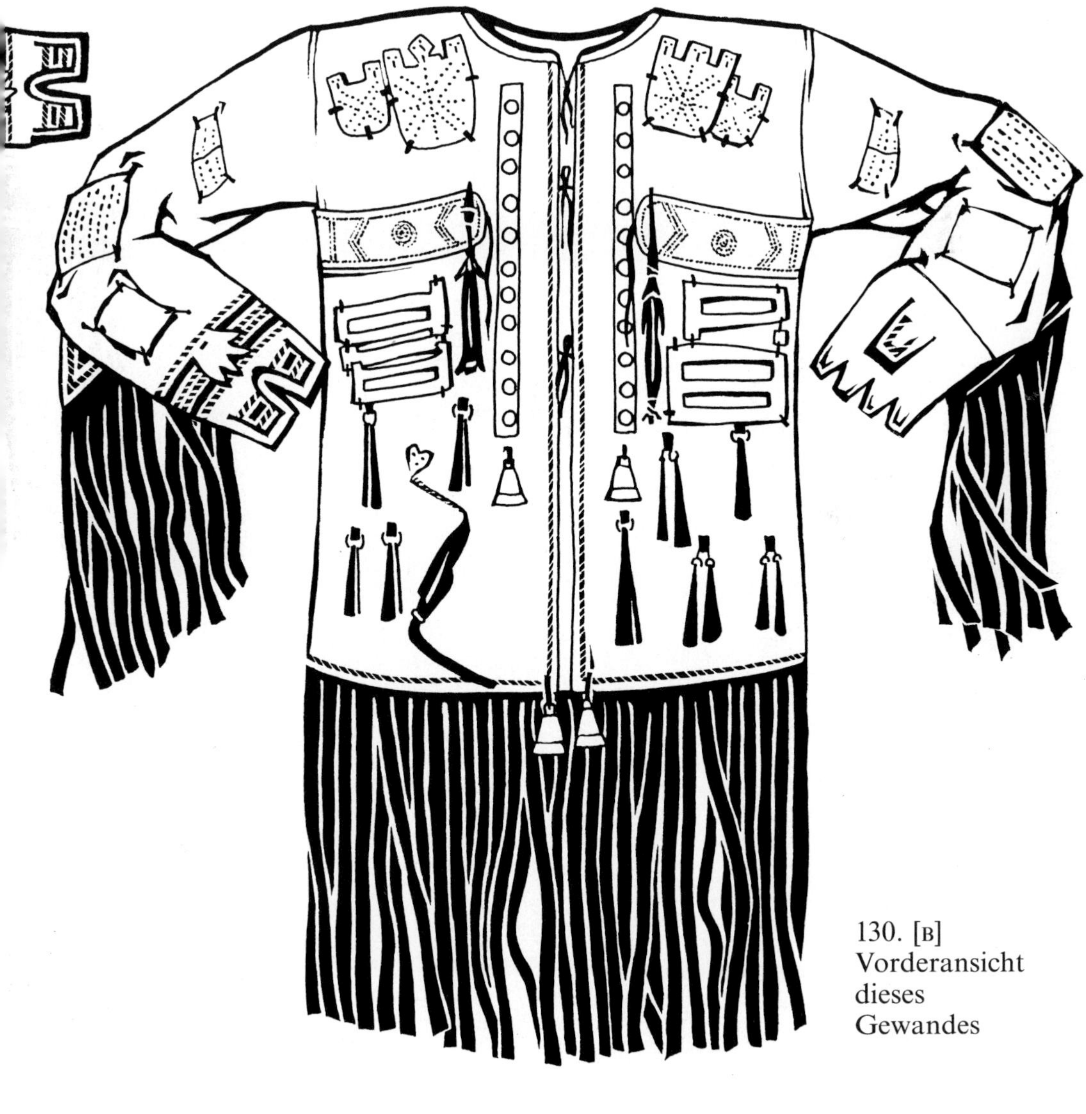

130. [B] Vorderansicht dieses Gewandes

131. Schamanengewand, das der berühmte nganassanische Schamane Demnime Kosterkin (1913–1980) bei Reisen in die obere Welt sowie zum Schamanisieren bei Gebärenden und Wöchnerinnen trug. Die rechte Hälfte ist rot, die linke schwarz gefärbt; erstere symbolisiert den Frühling und die Sonne, letztere die Nacht, den Winter und die Dunkelheit.

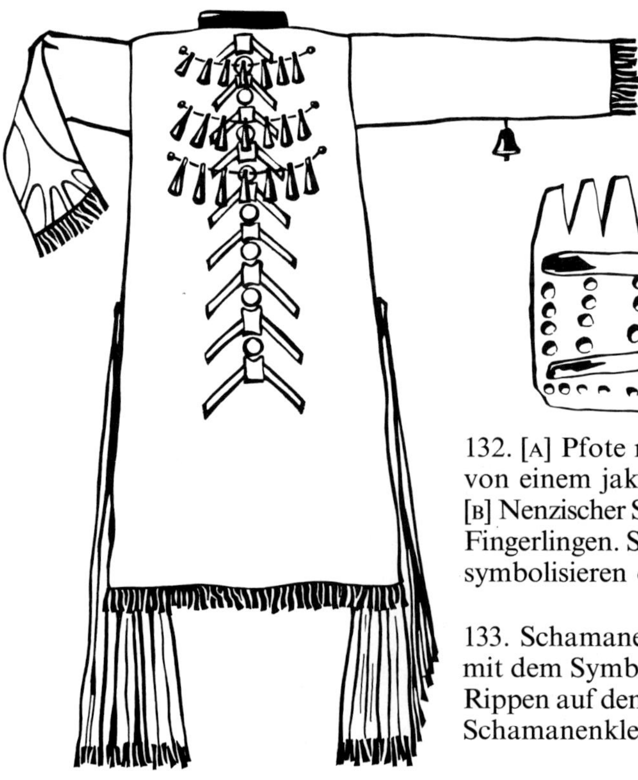

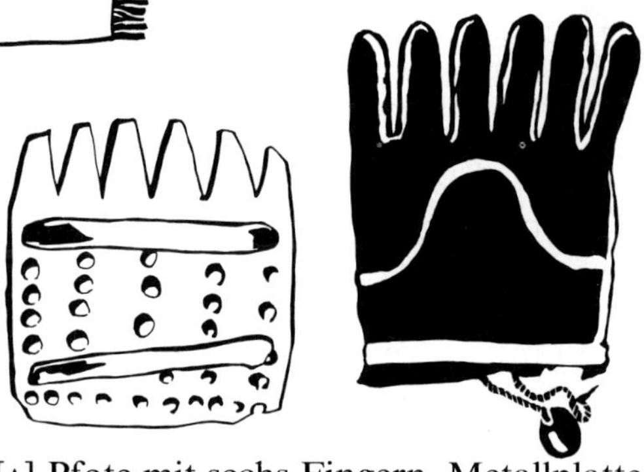

132. [A] Pfote mit sechs Fingern. Metallplatte von einem jakutischen Schamanengewand. [B] Nenzischer Schamanenhandschuh mit sieben Fingerlingen. Sechster und siebenter Fingerling symbolisieren den „überflüssigen Knochen“.

133. Schamanengewand der Tofa/Karagassen mit dem Symbol der Wirbelbeine, Wirbel und Rippen auf dem Rücken. Typisches Beispiel für Schamanenkleidung mit Skelettdarstellung

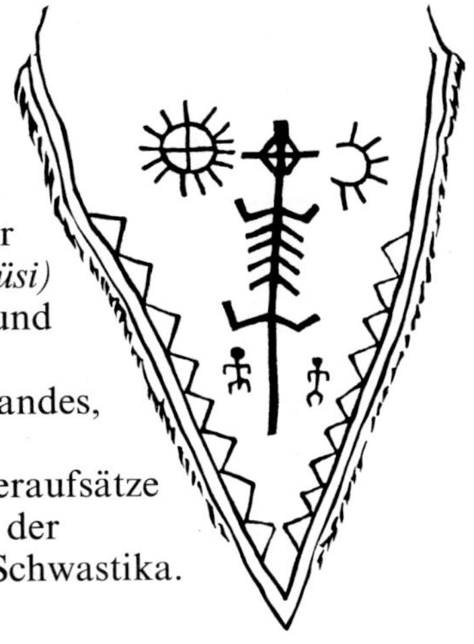

134. Unteres Rückenteil eines Schamanenmantels der Keten/Jenissei-Ostjaken; dargestellt sind eine Echse *(tüsi)* als gutwilliger Helfer, Sonne und Mond, ein Mann und eine Frau.
135. Teil der Rückseite eines Darhat-Schamanengewandes, das Vilmos Diószegi im Juli 1960 vom See Hövsgöl mitbrachte. Die lang herabreichenden Schwanz-Lederaufsätze symbolisieren wahrscheinlich die Wirbelbeine. Über der „Knöchelreihe" das universelle Sonnensymbol, die Schwastika.

136. [A] Dieser Kultgegenstand der nganassanischen Schamanen *(djalü-kojka)* verkörpert die Sonne bzw. die Sonnen-Mutter. Die Pflege und Bewahrung der kleinen Idole ging nach dem Tod des Schamanen auf seine Erben über. Seit 1972 im Besitz des Anthropologischen und Ethnographischen Museums St. Petersburg. Die erste Miniatur stellt eine Schamanin dar; die beiden Messingmasken auf ihren Schultern symbolisieren deren Wächter-Geister, weiter unten schützen metallene Bärenpranken-Masken wie ein Panzer den Körper des Schamanen. *(Unten)*
[B] Die Schamanin der Sonne hat zwei Helfer: die Idole der Bären-Mutter *(ngarka-kojka)* und des Bärenjungen. An einem Stück Bärenfell wurden eine Maske befestigt und an sie Messingschellen gehängt. *(Rechts)*

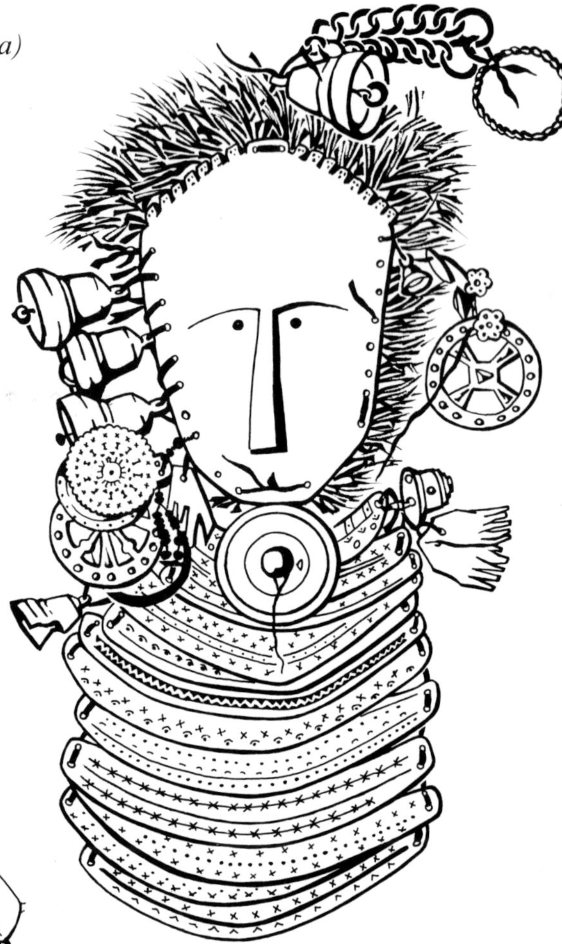

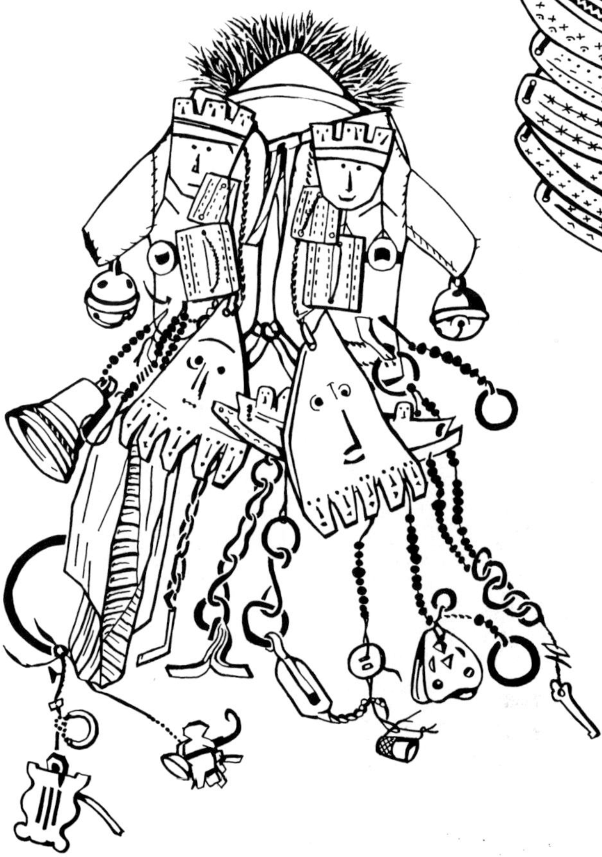

137. An der Schamanenkleidung kann das Bärenjunge – das natürlich männlich ist – auch von Bogen und Pfeil symbolisiert sein.

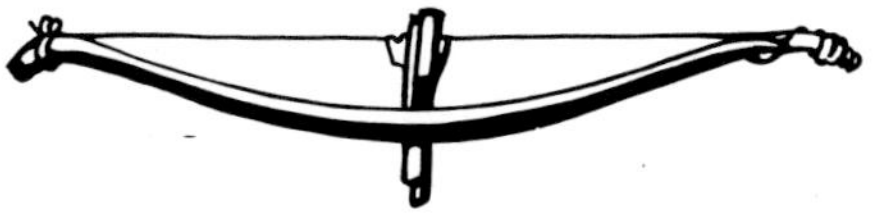

138. Brustschmuck eines ewenkischen Schamanen vom Ende des 19. Jahrhunderts, aus dem Ethnographischen Museum Budapest. Wir erkennen die schmiedeeisernen Symbole der Vogel-Hilfsgeister sowie eine rätselhafte kreuzförmige Verzierung. Der Vogel in der Mitte verdeckt drei Menschengestalten.

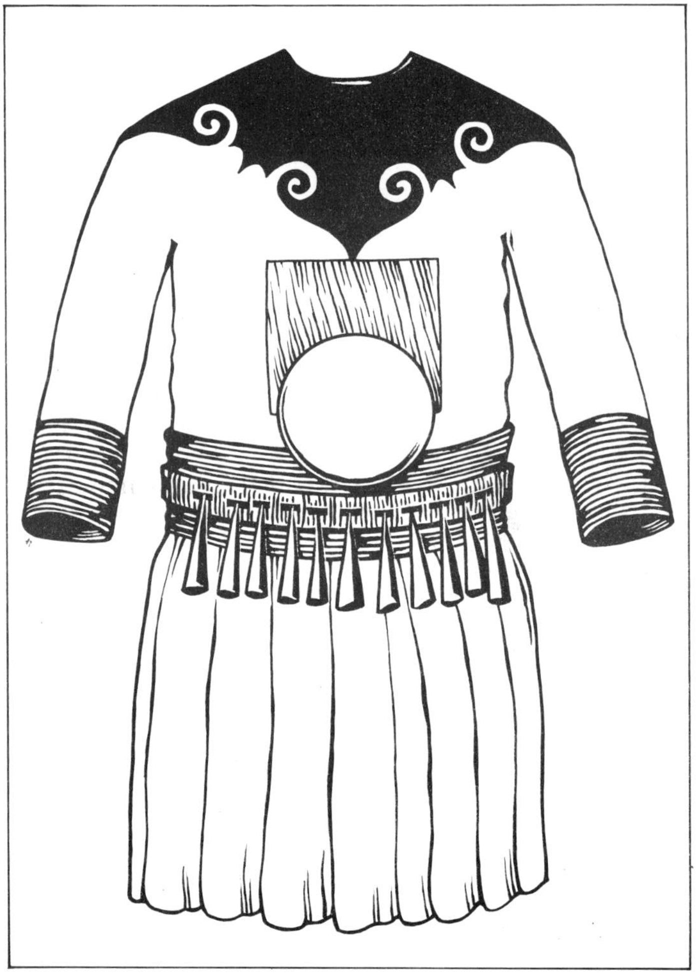

139. Mandschu-Schamanengewand mit großem Metallspiegel, schellenbesetztem Gürtel und aufgesetzter Verzierung aus der berühmten Monographie von S. M. Shirokogoroff (1835). Manche Autoren schreiben das Kleidungsstück nicht dem Schamanen, sondern den Geistern *(vovkoi etku)* zu.

140. Schamanengürtel *(konguraalar)* der Tuwa mit Messingschellen und Eisenrasseln.

142. Ritueller Pfeil der Mandschu. 1747 entstand am chinesischen Kaiserhof das *Auf kaiserlichen Befehl zusammengestellte Gesetzesbuch der Festgebräuche und Opferungen der Mandschu.* Dort lesen wir über diesen Pfeil: *„Da tritt der Schamane vor, ergreift das Schamanenschwert, bittet dreimal um Segen und betet mit singender Stimme... Nach dem Gebet überreicht der Meister der Räucherzeremonie dem Schamanen den rituellen Pfeil, an den ein aus vielfarbigem Stoff genähtes Opferband gebunden ist. Der Zeremonienmeister und die Räucherfrauen nehmen den zum Opfer der Bitte um Glück gebräuchlichen Tisch, tragen ihn aus der Tür und stellen ihn unter die Weide. Auch der Schamane geht hinaus, in der Linken das Schamanenschwert, in der Rechten den rituellen Pfeil." (Schamanin Nisan).* – Hier sei angemerkt, daß der abgeschossene Pfeil bei den innerasiatischen Völkern zum Wahrsagen und zur Rechtsfindung diente. Bei den Ungarn kannte man noch im vorigen Jahrhundert die Losziehung mittels eines Pfeiles. Die Ugrier riefen in der Zeit ihrer Zusammenstöße mit den Kosaken Jermaks ihre Kämpfer mit gekerbten Pfeilen herbei. *(Gegenüber, Mitte)*

141. Schamanengürtel der Nanai aus den frühen 1970er Jahren. Ein gutes Beispiel für die Vielfalt der verwendeten Metallgegenstände (Hufeisen, Schloß, Schlüssel, Türband usw.). Die Worte von Lévi-Strauss über das „Bricolage"-artige der Kultur gelten sichtlich nicht nur für die Texte der Mythen, sondern auch für Bräuche, Riten und Objekte.

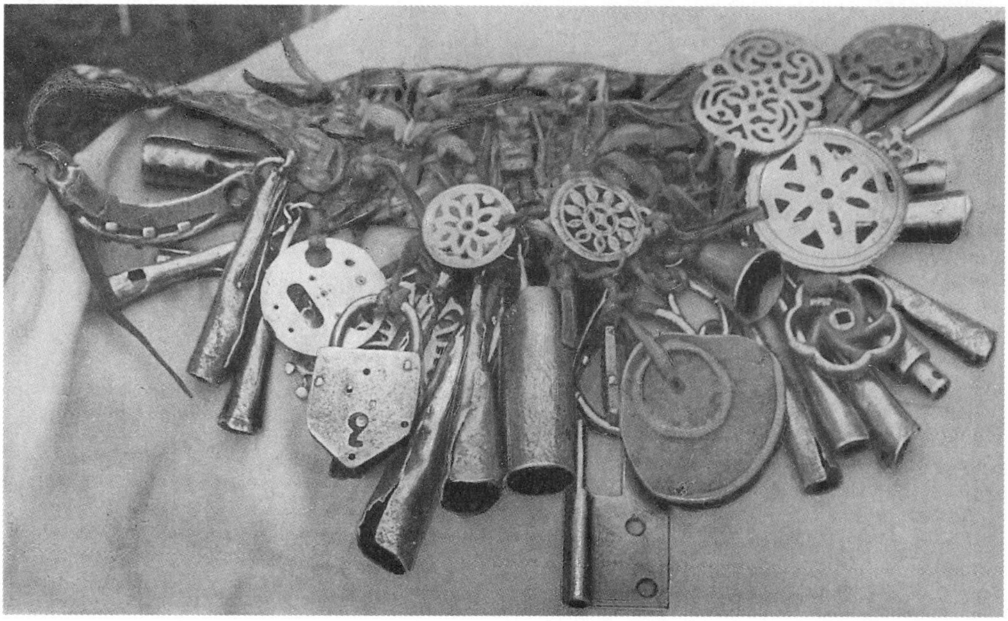

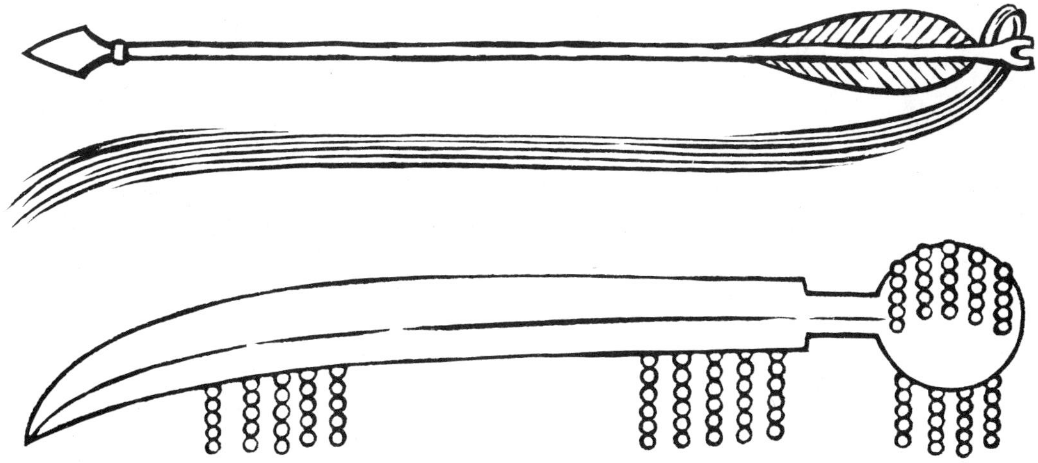

143. Ritualschwert mit Kette und in Messerform, verwendet von Mandschu-Schamanen. Die Originalzeichnung befindet sich in der Ost-Sammlung der Ungarischen Akademie der Wissenschaften.

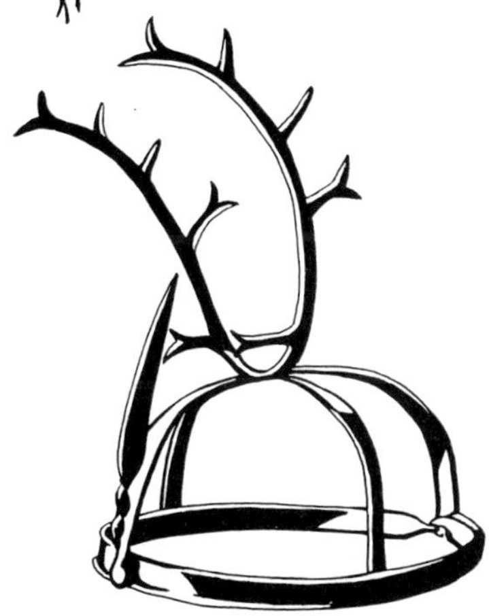

144. „Eiserne Schamanenkopftracht mit Vogelschmuck“, schrieb Vilmos Diószegi unter dieses Foto, das vermutlich einen ewenkischen Schamanen mit seiner kunstvoll geschmiedeten Krone zeigt.
145. Schamanenkrone und Stirnband der Sölkupen. Die kleinen Menschengestalten auf dem eisernen Stirnreif der Krone sind Seelen-Helfer. Das ausgefranste lederne Stirnband zieren Vogel-Hilfsgeister.
146. Schmiedeeiserne Schamanenkrone, von W. I. Anutschin in seinem Buch über den Schamanismus der Sölkupen am Jenissei beschrieben. Als Kuriosum erwähnt er, daß neben dem Geweih auch eine Klinge die Krone schmückt.

147. Schamanentracht mit Eisenkrone der Chakassen, vermutlich von der Kunstkammer-Ausstellung zu Beginn des Jahrhunderts. Die geweihbesetzte Kopfbedeckung zeigt Kraft und Männlichkeit des Schamanen und ist zugleich symbolische Waffe in der Auseinandersetzung mit konkurrierenden Schamanen. Der Träger dieser Kleidung muß ein kräftiger Mann gewesen sein.
148. [A–C] Nganassanische Schamanenkronen zur Beschwörung der Geister der oberen Welt (A und C) und der unteren Welt (B). Bänder der Krone aus Messing, Gehörn und Vögel aus Eisen. An allen drei Kronen verdecken farbige Bänder dem Schamanen die Augen, wodurch er leichter in Trance gerät. Typisch sind die Vogelsymbole und an der zweiten Krone als Waffe für Kämpfe im Trancezustand das vorstehende Rentier-Stirnhorn.

149. Mandschu-Schamanenkrone mit Spiegeln und kleinen Schellen, einem zweizackigen Stock in der Mitte und stilisierten Vögeln an dessen Enden. Die mit bunten Bändern geschmückte Kopftracht ist sichtlich relativ neuen Datums und aus heutigen Materialien hergestellt.

150. Mandschu-Schamane in vollem Schmuck und mit Krone (vgl. das vorangegangene Bild). Tätig in einem kleinen Dorf bei der chinesischen Stadt Jilin. Zur Tracht gehört der traditionelle blaue Rock. Der Trommelkörper aus dünnem Holz und der stabartige Schlegel sind typisch für eine Gruppe der Mandschu. Der Schamane trägt einen Gürtel mit Blechschellen. Der alte Schamane auf der Titelseite des Buches trägt einen ähnlichen Rock und Gürtel, auch die Trommeln stimmen überein. Das beweist eine einheitliche Tradition in verhältnismäßig weit voneinander entfernten Gebieten.

151. Kopfschmuck *(geva)* eines Mandschu-Schamanen. Vorne ein runder Spiegel und ein die Augen verdeckendes Netz, vor diesem sieben Perlenreihen. Am Kronenband fünf mit Blumenranken verzierte, blattartige Platten, die chinesische, Mandschu- und tibetische Elemente vereinigen. Die Form der Krone erinnert an die der tibetischen Schamanen.

152. [A–B] Königlicher Kopfschmuck aus der Zeit der koreanischen Silla-Dynastie (5–6. Jahrhundert) und zugehörige Skizze. Die Krone aus dünnem Goldblatt ist mit grünen Jadesteinen verziert. Die „Weltenbaum"-Krone der den altaiischen Kurganen sehr ähnlichen Königsgräber trug der sakrale Schamanenkönig. Er war Vermittler zwischen Göttern und Menschen, deshalb wurde seine Krone mit Bildern der „Heiligen Bäume" geschmückt.

153. Gefiederter Schamanenkopfschmuck der Tuwa, um die Jahrhundertwende, aus dem Becken von Abakan. Interessant ist die das Kopfband ergänzende, holzgeschnitzte und bemalte Maske.
154. Kopfschmuck *(xamnar hört)* der Tuwa-Schamanin Matpa Ondur. An den Perlengehängen Kaurischnecken. Die Adler- und Eulenfedern wurden vor der Anbringung in Röhrchen gezogen bzw. genäht. Zwischen den Federn zwei dünne Hörner, hinten, als Schwanz, neben fabigen Bändern eine Tierhaut. Das Objekt fand man zu Beginn des Jahrhunderts im Grab einer sechzigjährigen Schamanin.

155. Der Kopfschmuck der Tuwa aus dem Ethnographischen Museum Oslo ähnelt dem der Tofa. Auf das Stirnband sind ein primitives Gesicht, Ohren und ein stilisiertes Gebiß genäht. Die das Gesicht verdeckenden Frasen enden hier in Quasten.

156. Jakutischer Schamane mit „Bärenmütze“ aus der der Jahrhundertwende.

157. Schamanenmütze der Udehe. Neben die Hilfsgeister (Echse, Schlange) sind „Schamanen-Augen“ genäht, die dem Träger sichtbar machen, was gewöhnliche Menschen nicht sehen können.

158. Birkenrindenmaske der Mansen vom beginnenden 20. Jahrhundert, getragen beim Bärenfest von Personen, die beim Opferritual den Bären darstellten.

159. Burjatische Schamanenmaske aus Messing, wie sie nur von „Kämpferischen" Schamanen der obersten Stufe getragen wurde.

160. Geschnitzte und bemalte Schamanenmaske der Udehe, mit Bart aus Bärenfell, Fronschsymbol an der Stirn, Kronenimitation aus Leder und Stoff und Nasengehänge.

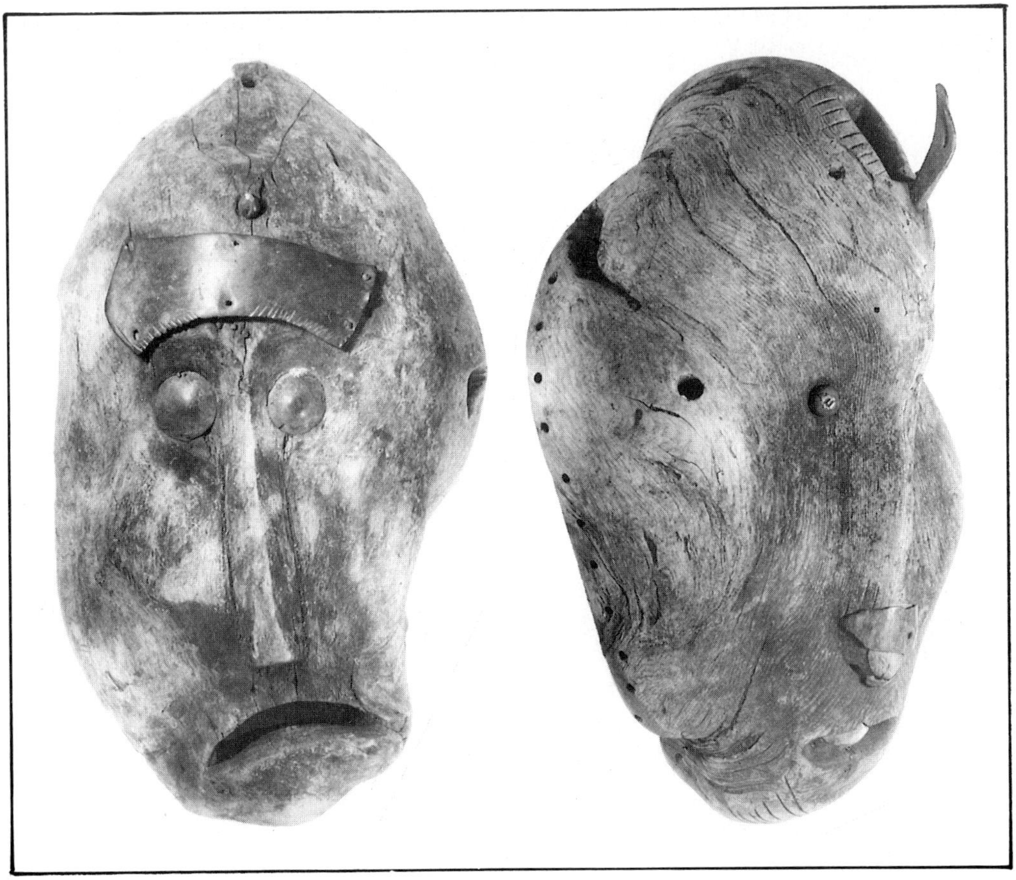

161. [A–B] Schamanenmasken *(hua hora)* oder „Holzgesichter“, die zur kultischen Ausstattung eines nganassanischen Schamanen gehörten. Die Männermaske aus Hartholz (A) und die Frauenmaske aus Weichholz (B) wurden 1971 von russischen Forschern entdeckt und erst kürzlich publiziert. Früher waren solche Gegenstände von den Samojeden der Halbinsel Taimyr nicht bekannt. Die Masken symbolisieren mit Sicherheit verstorbene Ahnen, die zuverlässige Helfer des Schamanen bei deren ekstatischen Reisen während der Séance waren.

162. Achtköpfiger Holzhalte-Götze für schamanische Rituale aus dem Amurgebiet. In die Krone sind Geist-Wesen mit Menschengesichtern, in den Rumpf Hilfsgeister geschnitzt. Eine Arbeit der Niwchen.

165. Geist-Götze, der neben einem Schamanengrab der Chanten stand.

166. Amulett *(aiami)* der Nanai, rituelle Puppe zur Heilung von Krankheiten. Die Nanai am Amur verwendeten auch Amulette in Raubtiergestalt.

167. Stock-Götze der Nanai in Form eines Schamanenbaumes. An den Astenden die Idole von Geistern

164. Lappischer *seita*-Götze aus der Gemeinde Tärna in Schweden.

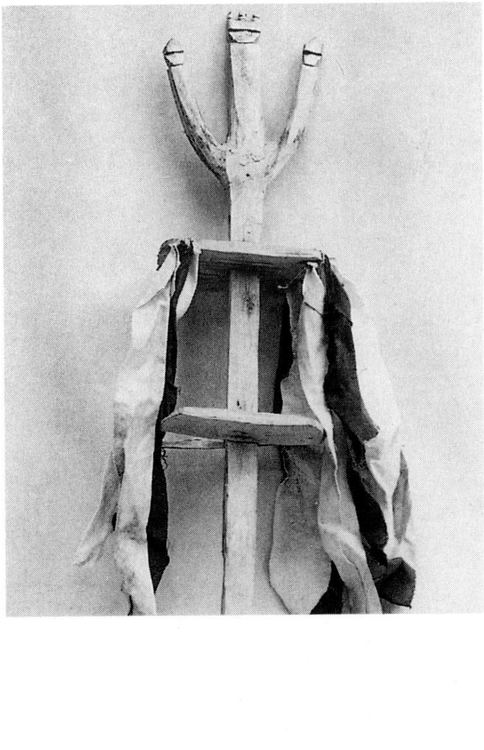

163. Oberer Teil eines weiblichen Götzen der Enzen, verkörpert einen Krankheitsgeist. Das Gesicht des holzgeschnitzten Idols steckt hinter einer Metallmaske. *(Gegenüber)*

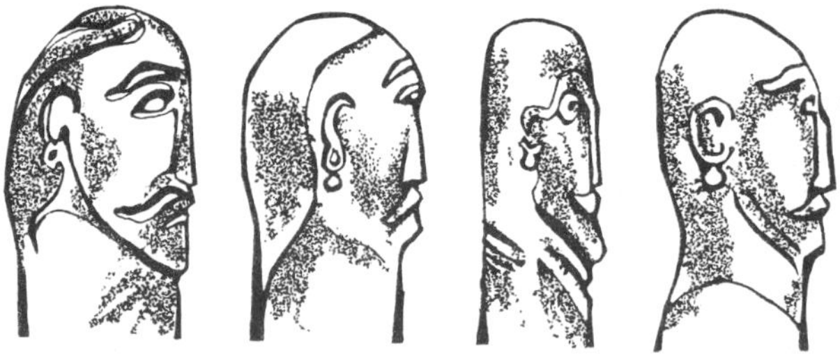

168. [A] Südsibirische Statuenköpfe. Diese steinernen Götzen wurden von alten Turkvölkern Zentralasiens im 6–8. Jahrhundert aufgestellt. Der russische Forscher S.W. Iwanow verglich in einer seiner letzten Arbeiten die Kopfformen der alten türkischen Steinstatuen *(balbal)* mit der Form der Schamanentrommeln *(ëzi)* der altaiischen Türken und wies nach, daß die als Menschengestalt geschnitzten Trommelgriffe auffallend den um Jahrhunderte älteren Statuenköpfen ähneln.

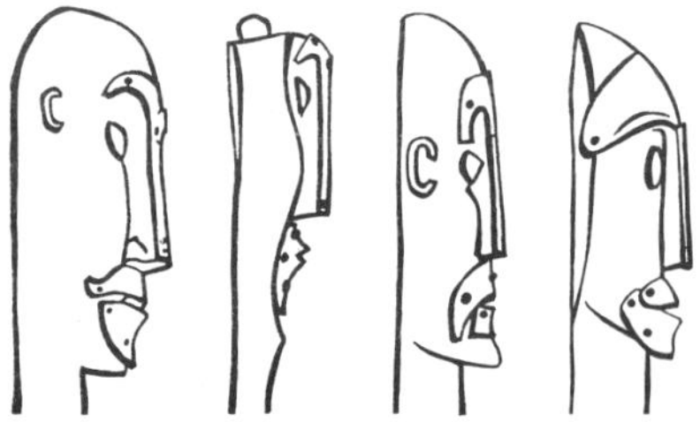

168. [B] Schamanentrommelgriffe der Altai-Kishi, Seitenansicht

169. Grabsteingötze aus Kirgisien

170. [A–B] Mit Kupferblech verzierte, menschenkopfförmige Trommelgriffe der altai-türkischen Tölössen. Bei den Turkvölkern des Altai ist der Griff der Schamanentrommel im allgemeinen als Mensch mit ausgebreiteten Armen geformt, den man den Herrn der Trommel *(tüngür ëzi)* nennt. An das Kreuzband sind den Ahnen des Schamanen geweihte rote Bänder gebunden. Auffällig ist die Schnurrbartform, die den Gesichtern einen ethnischen Zug verleiht.

171. Trommel und *Ongon* des mongolischen Schamanen Otschir *böö* (vgl. Bild 89). Das Ongon (links) ist eigentlich eine symbolische Darstellung der Seelen verstorbener Ahnen. Am oberen Ende des kreuzförmigen Trommelgriffs sieht man einen geschnitzten Menschenkopf, vermutlich ein Bildnis des Besitzergeistes der Trommel.
1909 bereiste der Finne Sakari Pölsi die Gegend um Bajangol, dort entstand dieses hervorragende Foto vom Inneren der an einer Jurte (Filzzelt) lehnenden Trommel. Seine Aufnahmen vom beginnenden Jahrhundert sind von unschätzbarem Wert; sie leiteten die Geschichte der Ethnofotografie ein.

172. Schamanentrommel der Baraba-Türken mit Griff in Menschengestalt. D. G. Messerschmidt weilte zwischen 1720 und 1727 bei den Nomaden der Baraba-Steppe; diese wertvolle Zeichnung veröffentlichen wir nach seinem bisher nicht publizierten Tagebuch. *(Rechts)*
173. Tschelkanische Trommel. Der zweiköpfige Griff verkörpert den Besitzergeist der Trommel. *(Links unten)*

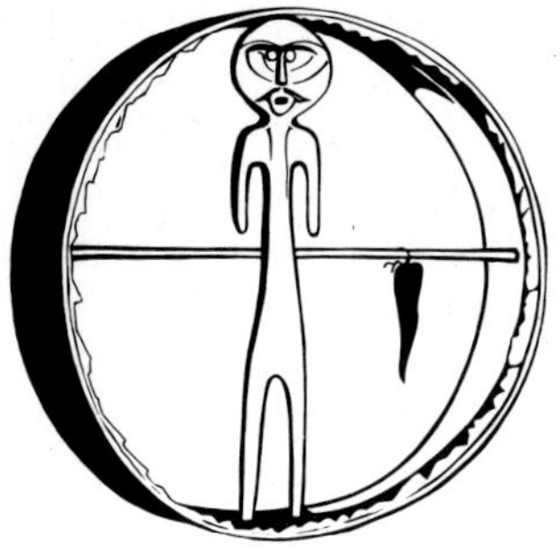

174. [A–B] Reich bemalte altaiische Trommel *(tüngür)*. Gehört zu den am häufigsten zitierten Gegenständen. Der Griff in Menschengestalt *(tschalu)* ist mit bunten Bändern umwickelt, an der schmiedeeisernen Kreuzstange befinden sich kleine eiserne Nägel (A). Die Außenseite der Trommel zeigt eine große, weltenbaumähnliche Götzengestalt (Geist-Ahn des Schamanen), um ihn herum die Zeichen für Sonne und Mond und Schamanen vor einem Pferdeopfer (B).

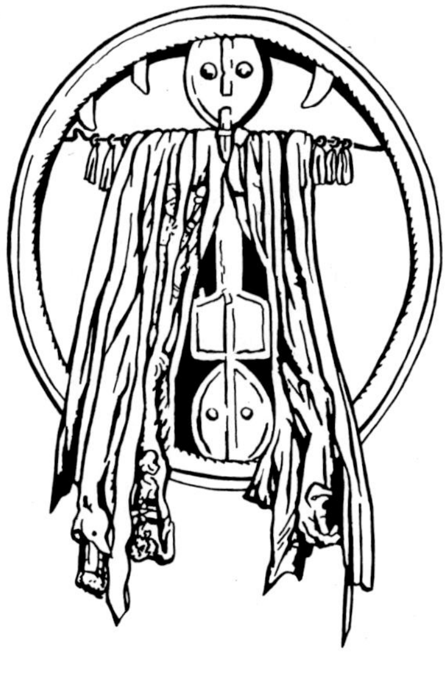

175. [A] Zwei Trommeln. Aus dem Kopf der Schamanengestalt wachsen Sonnenstrahlen mit stilisierten Vögeln am Ende. Daneben Sonne und Mond sowie die Durchgänge in die untere und die obere Welt. [B] Sölkupische Schamanentrommel. In der Zeichnung dominiert die Zahl Sieben. Die mythische Riesenechse in der Achse der Trommel hat zweimal sieben Beine, wir sehen zweimal sieben Menschengestalten (eine Reihe ist kopflos), zweimal sieben Tiere bzw. Vögel und zweimal sieben Bögen mit Pfeil, auch Sonne und Mond sind von je sieben Wasservögeln umgeben. Der Schamane tritt mit seinem Schlitten eine Himmelsreise an.

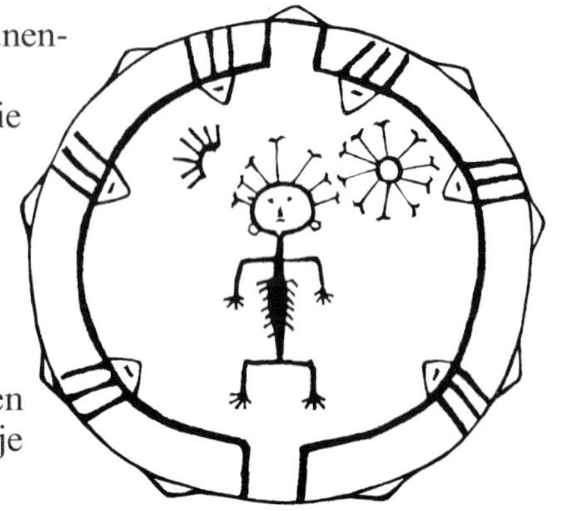

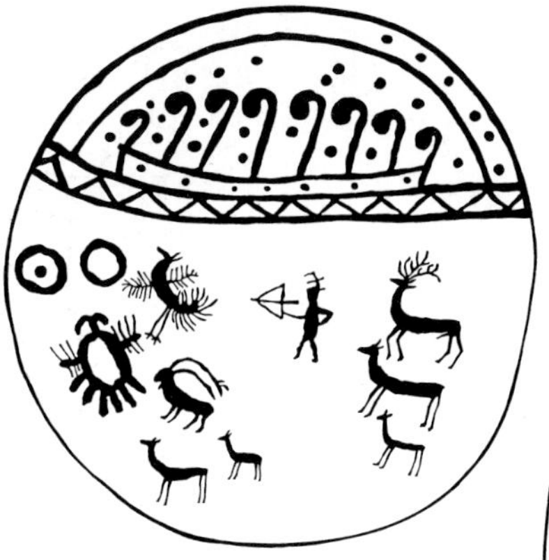

176. [A] Auch die Tuba im südlichen Altai hatten Schamanen. Auf dieser Trommel schwimmt ein Schiff am Sternenhimmel. Zeichnung von ungewöhnlicher Auffassung, spannend auch wegen ihres Schwunges

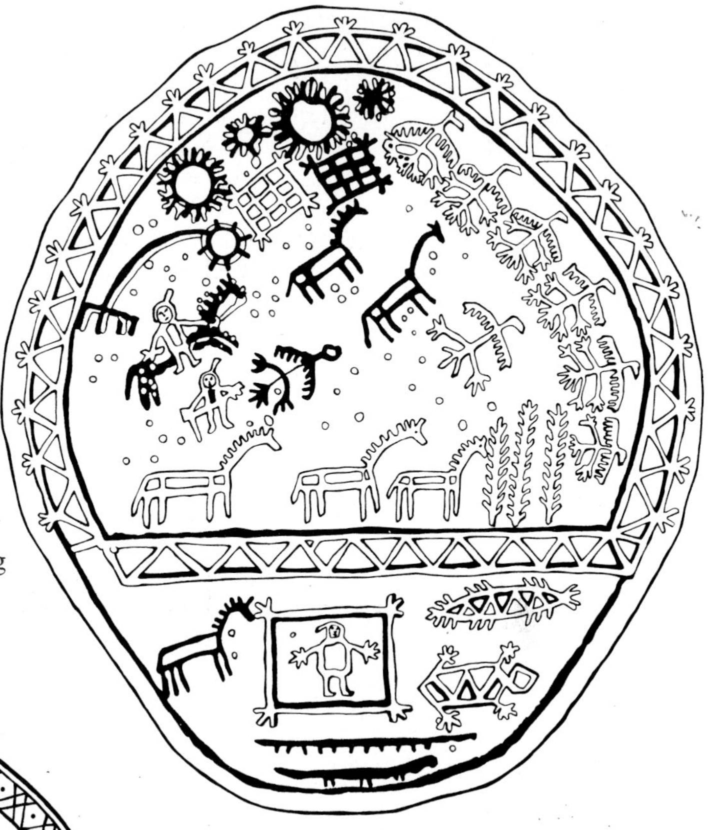

176. [B] Reich gestaltete Schamanentrommel der Teleuten/Schoren. Neben den Symbolen von Sonne, Mond und Venus sieht man auch die Sippenlebensseele des Schamanen, *bura,* zumeist als Pferd dargestellt, so daß der Schamane darauf in die obere Welt reiten kann. Die Trommel aus der Sammlung von A. W. Anochin ist ein sensibles Meisterwerk mit klarer, konsequenter Linienführung.

176. [C] Katschinische Schamanentrommel mit eindeutiger Weltmodell-Darstellung. Im oberen Feld sehen wir die übliche himmlische Jagdszene mit Himmelskörpern, Adlern und Hilfsgeistern, im unteren eine „Comic-strips-Story“ mit Kriechtieren. Die Trommel stammt aus der Sammlung des Museums von Minussinks, wo sie 1912 angefertigt wurde.

177. [A] Ketische Trommel mit Sonne und Mond und einer vereinfachten Menschengestalt. In der Mitte der Erde-Weltenscheibe vielleicht der Polarstern als Scheitelpunkt des Weltzeltes. [B] Ähnlich zentrisch angeordnetes Weltenbild auf einer ketischen Trommel.

178. Schamanentrommel der Ewenken mit einer kleinen roten Sonne und einer schwarzen Mondsichel. Die vier senkrechten Linien bedeuten die Durchgänge zwischen den Welten. Die Trommel gelangte 1927 in das Museum der Völker der Sowjetunion; um diese Zeit begann die erste große Welle der Schamanenverfolgung im 20. Jh.

179. Sternbild- und Himmelskörpersymbole von verschiedenen eurasischen Schamanentrommeln. Sie sind Grundsymbole der archaischen Gegensatzpaare.

181. Darstellungen am oberen Teil altai-türkischer Trommeln: Der Schamane reitet auf seinem Seele-Helfer in der Gestalt eines Reitpferdes *(tin bura)*, mit dem Pfeil oder Schwert in der Hand kämpft er gegen feindselige Geister. Die *bura* bedeutet die Seele des Schamanen selbst. Die Schamanen sprechen ungern über ihre Geister, sie meinen, ihre Namen auszusprechen könnte todbringend sein.

182. Weltenbaum-Darstellungen von Schamanentrommeln. Der Baum ist ein häufiges Motiv auf den Trommeln. Baumdarstellungen sind semantisch vielleicht die Grundsymbole des Schamanismus. Der Baum steht in der Achse des Weltenbildes, der dreigeteilten Welt. Er hilft dem Schamanen bei Reisen in die obere und untere Welt und ist so eigentlich auch ein „Weg"-Symbol, des Weges des Todes und der Wiedergeburt, den der Schamane zurücklegen muß, des Weges der Initiation, des leidvollen symbolischen Strebens, aber auch der „Leiter", an der jede Sprosse ein gefährliches, scharfes Schwert ist.

180. Stilisierte graphische Darstellungen der schamanistischen Hilfstiere von lappischen und sibirischen Schamanentrommeln. *(Gegenüber)*

183. Kunstvoll geschnitzte Rückseite einer lappischen Schamanentrommel aus dem Stockholmer Nordiska Museet. Höchstens 70 „magische Trommeln“ haben die Aktivitäten übereifriger Missionare bei nördlichen Völkern überlebt.
Diese Trommel mit erhabener Rückseite ist ein typisches Exemplar. Die Trommelherstellung erfordert vielseitiges handwerkliches Können. Noch leben einige Meister, die mit solchem Können Kopien der alter Trommeln herstellen.

184. [B] Rückansicht einer lappischen Trommel, aus der Lapponia. Die geschnitzte geometrische Verzierung ist authentisch.

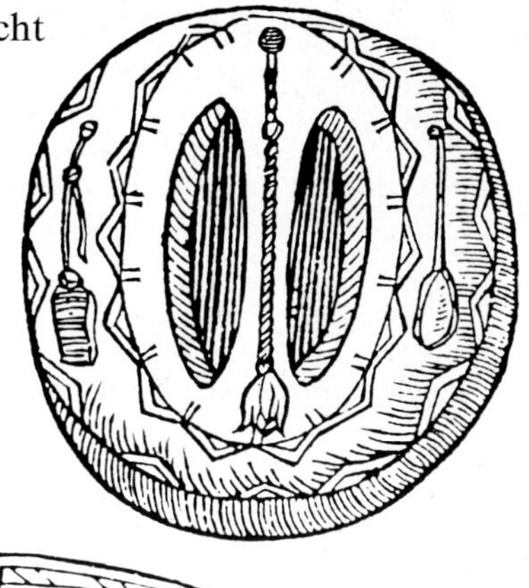

184. [A] Illustration aus der Lapponia des Johannes Schefferus (1674). Bei den Samen benutzte der Schamane *(noaide)* die Trommel vor allem zum Weissagen: Er legte einen Ring darauf und beobachtete, wohin er sich beim Trommeln bewegte.

185. Dieser Stich aus der Lapponia veranschaulicht die Dreiteilung der Welt auf einer samischen Trommel. Die alten Lappen unterschieden in ihrem Weltenmodell eine untere, eine mittlere und eine obere Welt. *(Rechts)*

186. [A] Samische Trommel *(runebom)* von vorn. Sie gelangte 1792 aus Kopenhagen nach Italien, in das Museum Borgianum (Velletri), und befindet sich jetzt im Ethnologischen Museum in Rom. Wahrscheinlich stammt sie aus der norwegischen Lappmark. In dem durch eine Doppellinie abgetrennten oberen Feld befindet sich die Welt der Götter, darin eine mythische himmlische Jagdszene; in der Mitte die Welt der lebenden Menschen mit der Sonne und der Weltensäule; unten das Land der Toten *(jabmeaimo)*.

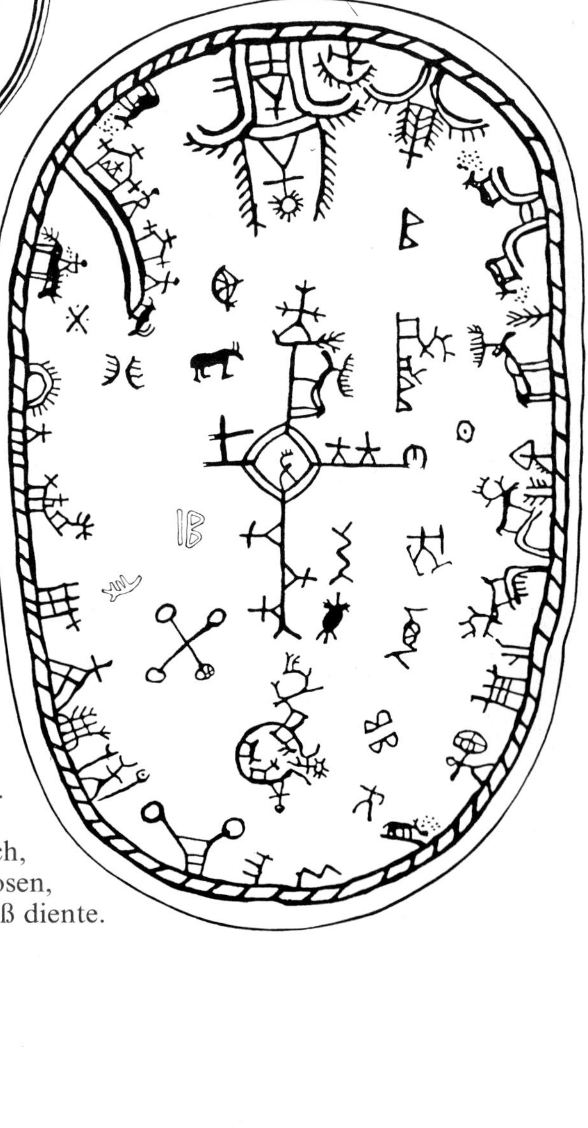

186. [B] Eine andere Trommel der Samen. Wenn der zum Wahrsagen auf die Trommel gelegte kleine Gegenstand *(arpa)* oder Ring beim Trommeln zu wandern begann, zog der Schamane aus der Bewegungsrichtung und den entsprechenden Zeichnungen seine Schlußfolgerungen. Im Mittelpunkt der Darstellung die Sonne; neuere Forschungen versuchen davon ausgehend die Trommelfläche als kognitive bzw. ethnoastronomische Karte zu interpretieren. Vermutet wird auch, daß die Trommel in den sonnenlosen, langen Winternächten als Kompaß diente.

187. Schorische Schamanin mit ihrer großen Trommel, an deren inneren Seite Bandopfer für den Geist-Herrn der Trommel zu sehen sind. Das Kopftuch gehörte auch bei Männern zu den typischen Attributen des Schamanisierens. Die Aufnahme wurde nach 1920 in dem Dorf Kedirge im Altai gemacht.

188. Bei der Volksgruppe der Schoren im Altai wurde in den zwanziger Jahren das erste Schamanisieren mit einer neuen Trommel aufgenommen. Der sitzende Schamane ist völlig verdeckt von der großen Trommel, auf der deutlich die umgekehrten, mit den Wurzeln nach oben zeigenden Bäume der unteren Welt erkennbar sind. Am Ritual mußten alle teilnehmen, die zur Verwandtschaft gehörten, zumal sie bei der Anfertigung der Trommel mitgewirkt hatten. L.P. Potapow, der namhafteste Erforscher des alten Schamanismus bei den altai-türkischen Völkern, nahm noch in den dreißiger und vierziger Jahren an solchen Festen teil.

189. Katschin-Schamane mit seiner typischen breiten Trommel und einer mit Kaurischnecken geschmückten Kopfbedeckung. Sein Gesicht steckt völlig hinter den Mützenfransen, deren Bewegung ihm sicher half, in Trance zu fallen. Das Foto wird hier zum erstenmal veröffentlicht.
190. Schamanentrommel der Katschin/Chakassen aus dem Museum in Minussinsk. Die Weltenschichten sind wiederum stark gegliedert. Unter den Gestalten ist der Schamane zu erkennen. Ganz unten Gürtel aus Kriechtieren.
191. Trommelnde Schamanin der Tofa/Karagassen in festlicher Kleidung (vgl. Bild 83), von der hinten mehrere Dutzend fingerdicke „Schwänze" hängen. Diese *uzun manjag* von roter, weißer oder blauer Farbe fächern sich breit auf, wenn sich der Schamane im Tanz dreht. Deutlich zu erkennen sind die Stifte, mit denen das Trommelfell gespannt ist.

192. Abakan-tatarischer Schamane im „Gespräch" mit seiner Trommel. Authentische Szene einer Schamanen-Vorstellung

193. Jakutischer Schamane ruft seinen Geist-Helfer. Während er trommelt, gerät er allmählich in einen Trancezustand. Dieser befähigt ihn, mit der Welt der Geister Kontakt aufzunehmen. Die Aufnahme entstand um 1910.

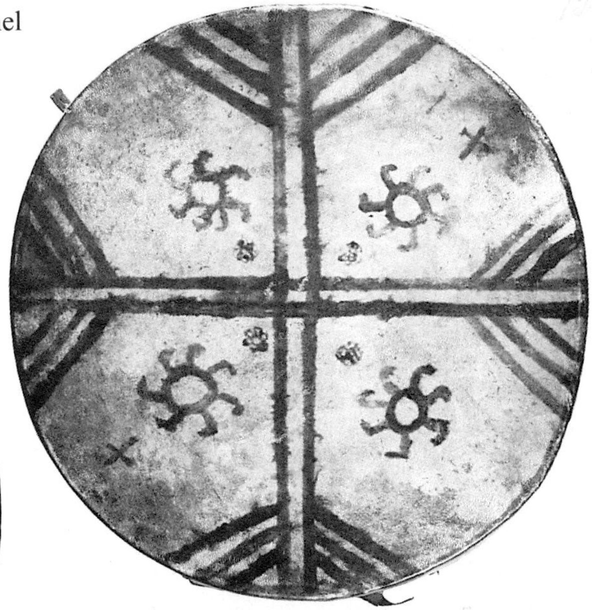

194. [A] Bemalte Schamanentrommel unbekannter Herkunft, vielleicht sibirisch, aus dem Münchener Museum für Völkerkunde. Die Gliederungselemente, himmelhohe Weltenbäume, teilen den Raum in vier Felder. In jedem drehen sich symbolische Sonnen.

194. [B] Trommel der Altai-Kishi, die Oberfläche ist kreuzförmig in vier Teile gegliedert. Die ganze Trommel fungierte vermutlich auch als Sonnensymbol.

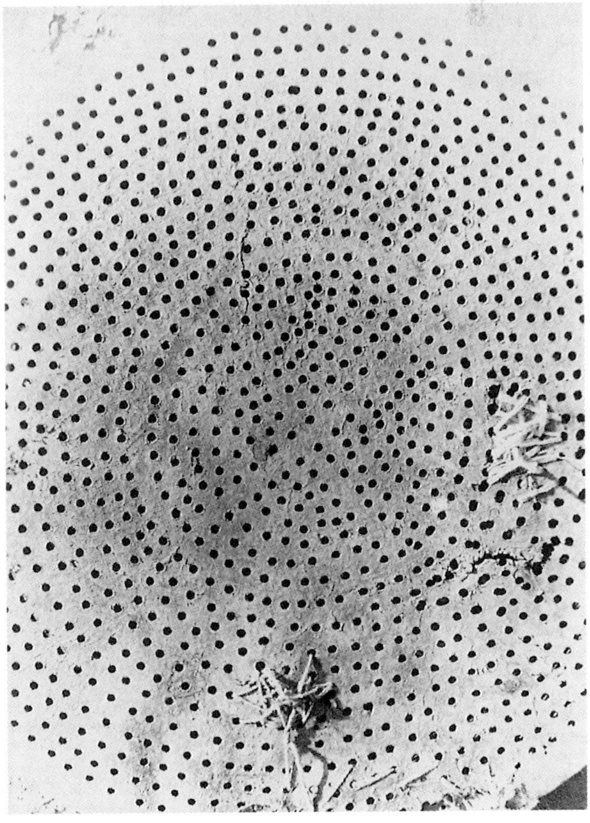

195. Im Volksglauben und Brauchtum der Ungarn gibt es bis heute noch viele schamanistische Elemente. Die Siebenbürger verwendeten bis zum Ende der 1970er Jahre Ledersiebe, deren Löcher ein reguläres Kreuz bildeten. Da es viele Angaben darüber gibt, daß das Sieb früher als Heilgerät diente – die Schamanentrommel ersetzte –, ist anzunehmen, daß diese Art Verzierung auf eine solche magische Funktion hinweist.

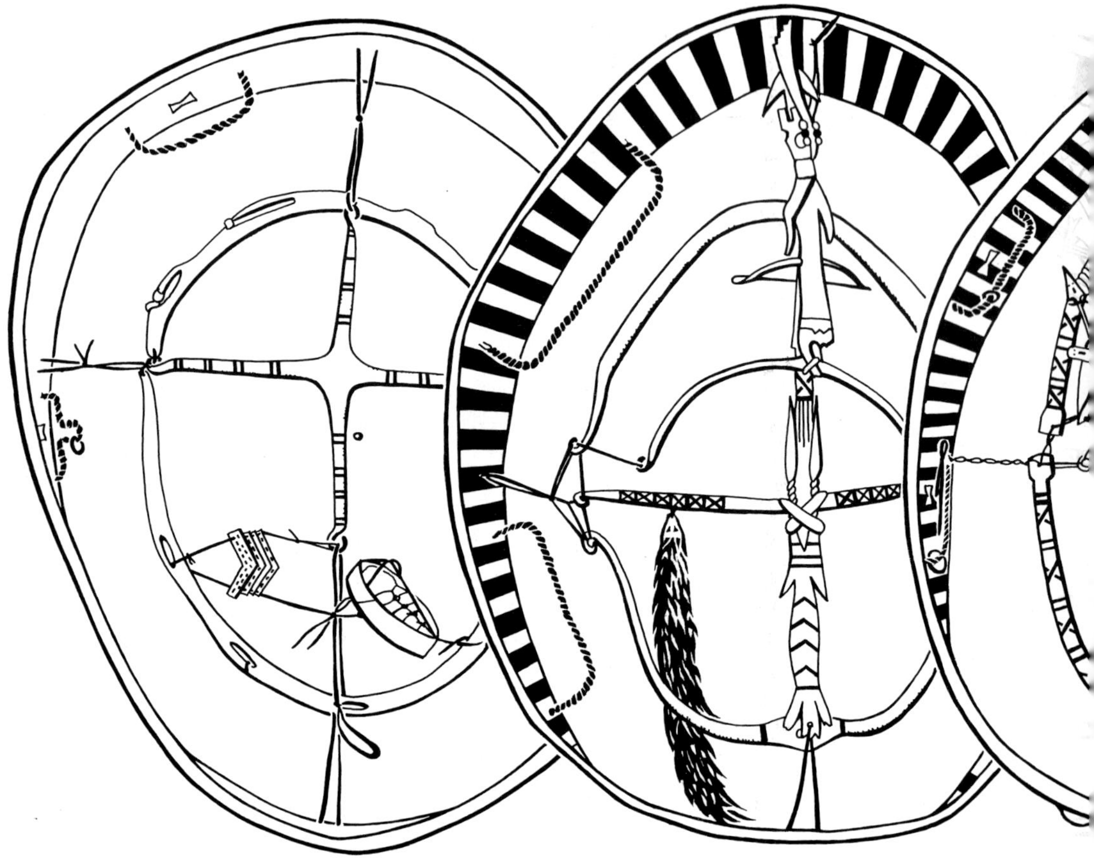

196. Nganassanische Schamanentrommeln. Der Schamane benutzte sie zu dreierlei Zwecken: bei der Entbindung (A), bei der Reise in die untere (B) und der Reise in die obere Welt (C). Man beachte, daß in allen drei kleine geschmiedete Metallobjekte den rituellen Zweck andeuten: in der ersten eine Wiege, in den beiden anderen Bogen und Pfeil; der Bogen diente dem Schamanen nicht nur als Waffe, mit seiner Hilfe „flog" er auch.

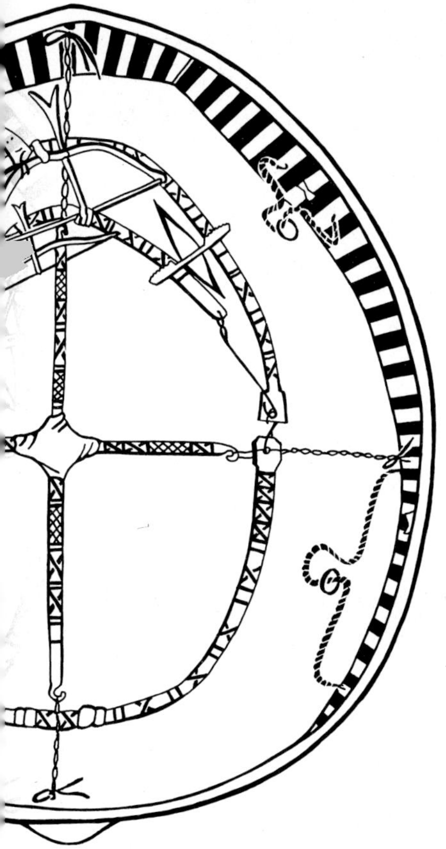

197. Bei den altaiischen Volksgruppen war das Wahrsagen mittels des Bogens verbreitet. Es ging sehr einfach vor sich: Der Schamane balancierte den auf der Sehne wippenden Bogen auf seinem Finger.

198. Mongolische Bogentrommel (Rückansicht). Die Pfeilspitze hat die Form eines Pferdekopfes. Wie die Trommel als Reitpferd des Schamanen für Reisen in den Himmel galt, so dürfte auch der Pfeil ein Symbol des Fliegens gewesen sein, ein „Reisegefährt" des Schamanen.

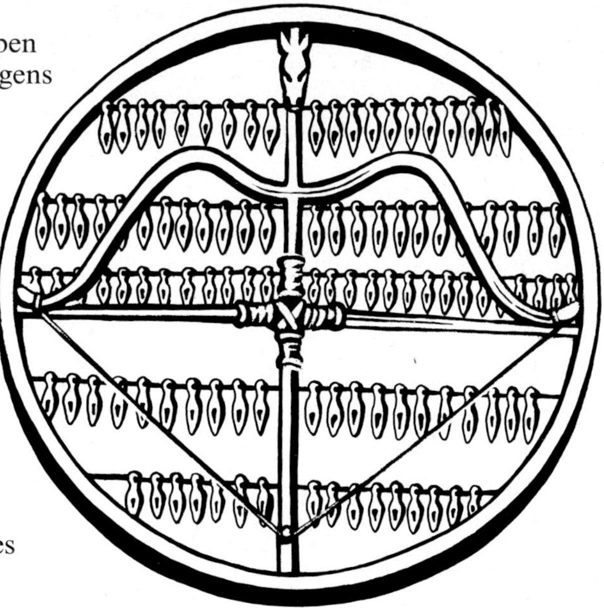

199. Mansen-Trommel mit Rentiergeweih-Griff. Mit der Geweihgabel des Opfertieres ersetzte man ideenreich das in Westsibirien verbreitete Y-Element. Da das Ren auch ein Reittier ist, liegt der Tausch bei aller Einmaligkeit nahe, denn die Schamanentrommel trägt mehrere Bedeutungen. So drückt sie allein schon seine Fähigkeit aus, zu „fliegen". Bei einem mythischen, aus dem Himmel stammenden Tier ist das noch selbstverständlicher.

Im folgenden versuchen wir die in reicher Auswahl vorgestellten Schamanentrommeln nach Typen zu orden. Die Verbreitung der außerordentlich vielfältigen Trommelarten zeugt von erheblichen Überschneidungen und Wechselwirkungen zwischen den Volksgruppen hinsichtlich ihrer Siedlungsgebiete und Beziehungen.

200. Trommeln mit Außengriff. Sonnensymbole
[A] Tschakarische Trommel mit Griff und dünnem Rand
[A] Grifftrommel eines Schamanen der Tschuktschen, auf dem Fell das Sonnensymbol

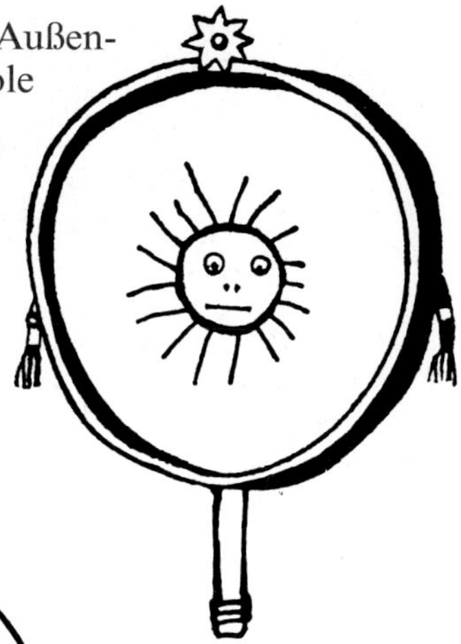

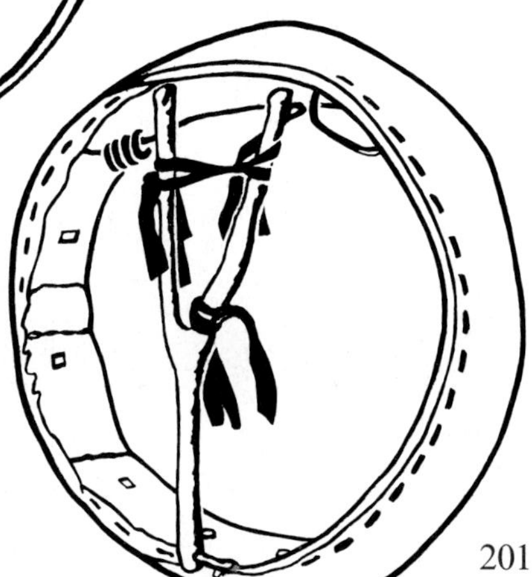

201. Lappische Trommel

202. Gabelholztrommeln
[A] Schamanentrommel der Chanten mit typischem Astgabelgriff
[B] Trommel der Nenzen mit gedübeltem Y-Griff

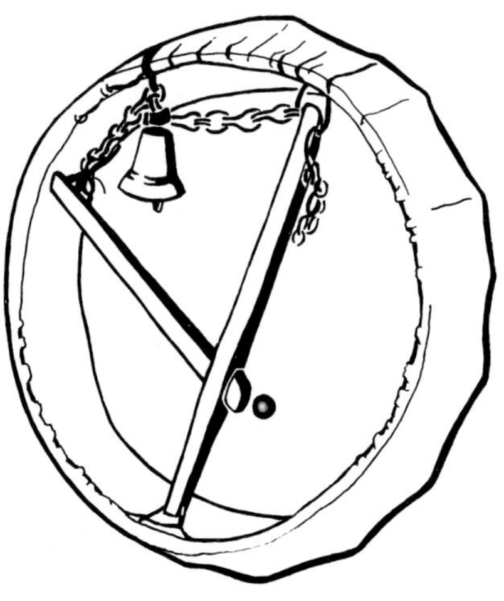

203. [A] Trommel der Enzen, typisch für Zentralsibirien

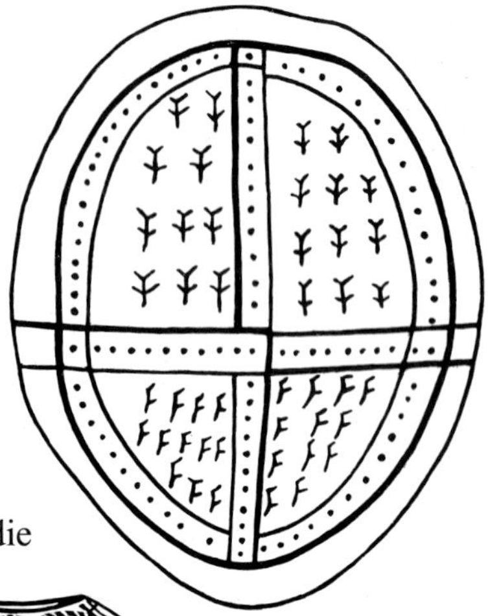

203. [B] Trommel der Nganassanen zur Reise in die obere Welt. Innenseite. Die linke Seite ist mit Rot, die rechte mit Schwarz verziert.

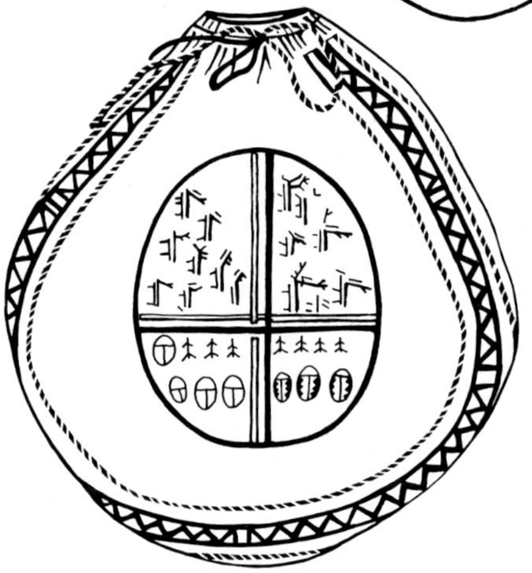

204. Trommelbehälter. [A] Nganassanischer Trommelbehälter aus Birkenrinde, für die *sajtan*, darauf gezeichnet Hirsche
[B] Lederner Trommelbehälter der Nganassanen, darauf die Zeichen der Herr-Geister der Natur

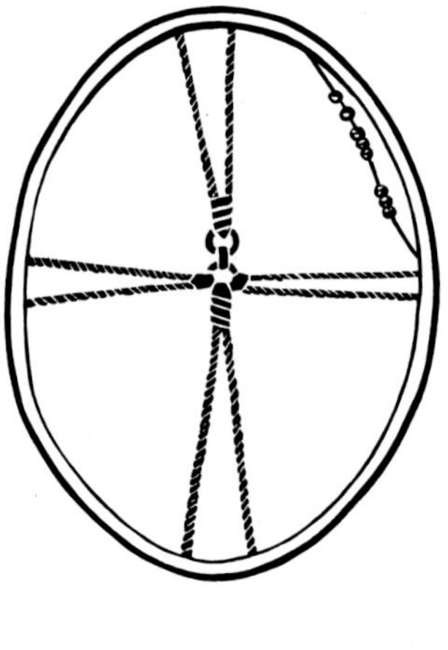

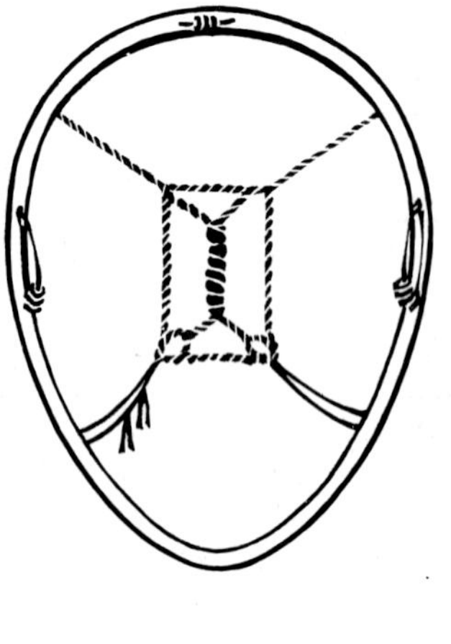

205. [A] Trommel der Amur-Ewenken mit einfachem kreuzförmigen Lederriemengriff
[B] Jukagirische Trommel

Die sibirischen Trommeln verbinden die Weltbild-Darstellungen mit Bildern des Sternenhimmels. So bedeutete das Wiederlesen der Bilder für den Schamanen die Aneignung und Rekapitulation der astronomischen Kenntnisse, der astralen Schöpfungsmythen und der räumlichgeographischen Orientierung.

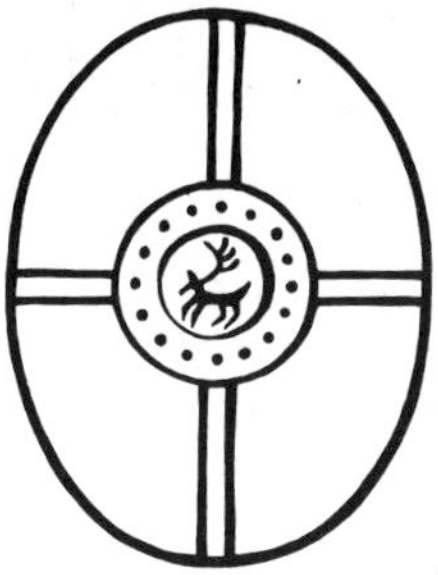

206. [A] Dolganische Schamanentrommel. Museum Krasnojarsk

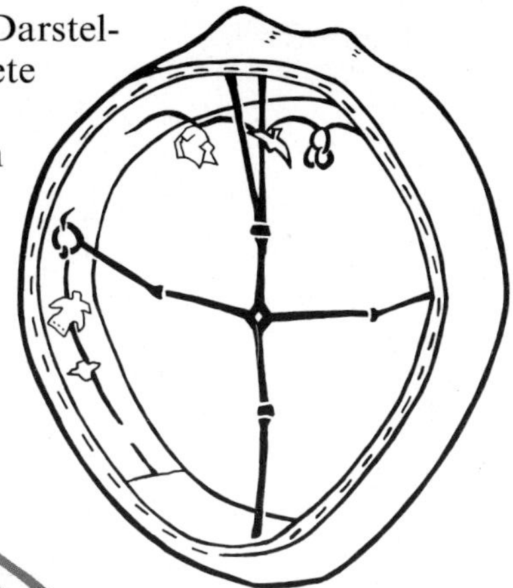

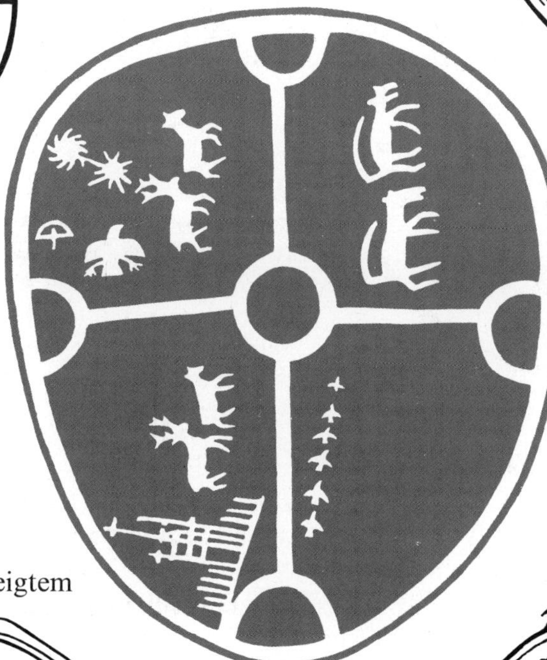

206. [B] Jakutische Schamanentrommel mit dem typischen schmiedeeisernen Griff in Kreuzform

206. [C] Ewenkische Trommel

206. [D] Ewenkische Trommel mit vierfach verzweigtem

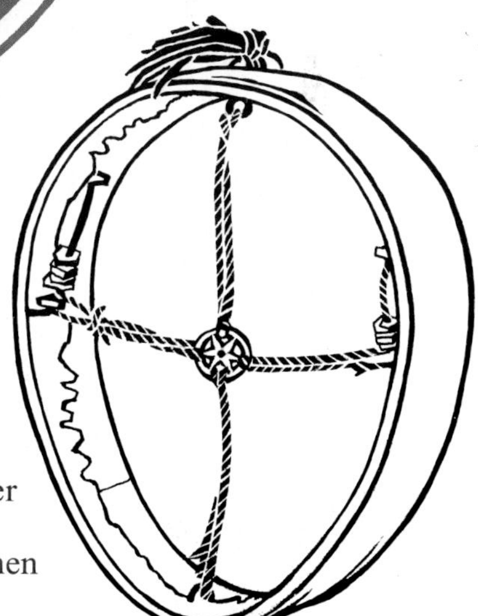

206. [E] Trommel der transbaikalischen Ewenken mit typischen Lederfransen

207. [A] Sölkupische Trommel, in der Mitte als Echse der Hilfsgeist des Schamanen *(tüsi)*, an den Seiten Sonne und Mond; außer den Strahlen entwächst beiden je ein Baum.

207. [B] Zeichnung von zwei Schamanentrommeln, 1914 von W. I. Anutschin veröffentlicht. Die Linien neben dem Kranz symbolisieren die fünf Himmelsschichten, unten sehen wir den Durchgang in die untere Welt. An den Symbolen von Sonne und Mond und der Menschengestalt mit dem Strahlenkopf ist interessant, daß die Strahlen in kleinen Vögeln enden. Die mittlere Gestalt ist *Doh*, der Urahne aller Schamanen.

208. [A] Schamanentrommel der Tofa, Rückansicht. Das ausgespannte Fell ist an den breiten Kranz angenäht, innen halten zwei gebogene Versteifungen den Kranz. Vermutlich trägt diese Technik zum erstaunlich tiefen und harmonischen Klang der Trommeln dieses Typs bei.
[B–C] Die Griffe der Tofa-Trommeln weisen ein charakteristisches Schnitzwerk auf.

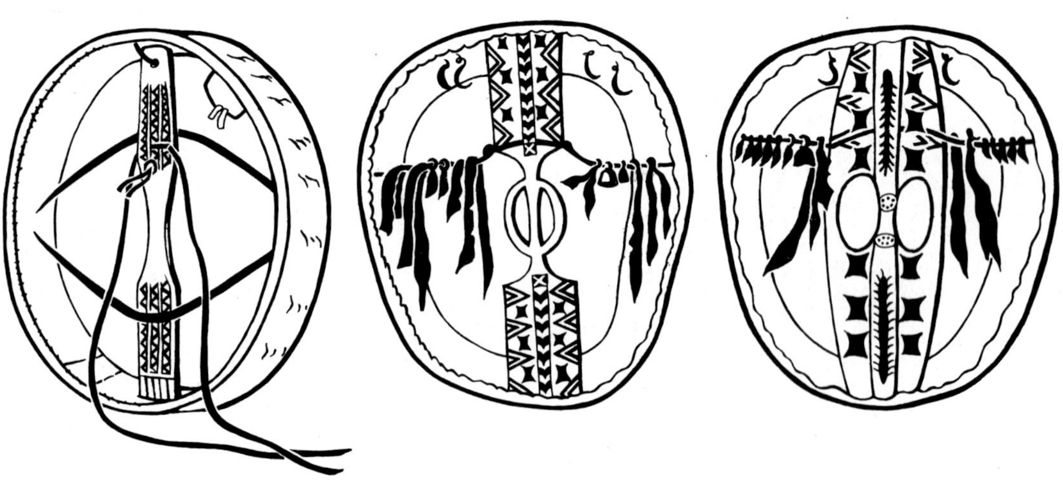

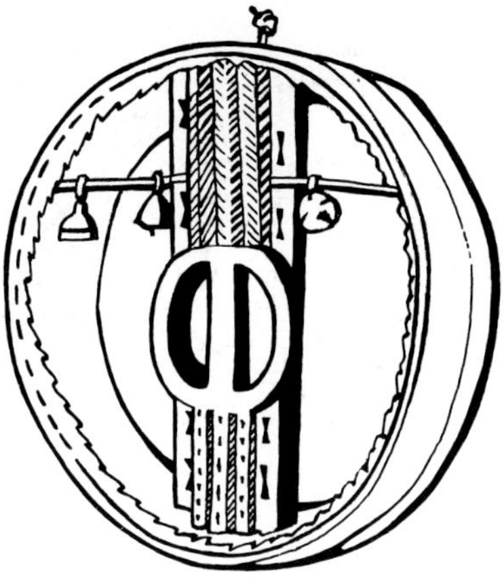

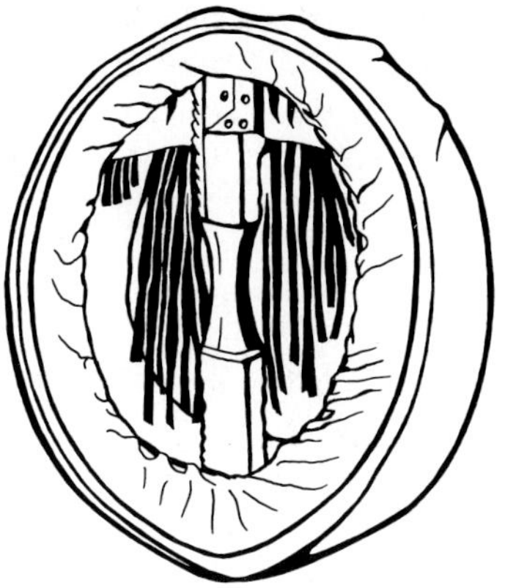

209. [A] Trommel der Schoren, Rückansicht [B] Typischer Griff bei den Turkvölkern des Altai

209. [C] Chakassen-Trommel mit gegliederten Weltenschichten. In der oberen Welt die (Himmels-) Wesen: Helfervogel, Adler, Sonne, Sterne und in einem Vogel endender Schamanenbaum. Das Pferd ist der Geist des Schamanen-Ahnen *(tös-tori)*. [D] Inneres einer Trommel der Chakassen mit Glöckchen. [E] Herr-Geist der Trommel eines telengitischen Schamanen mit ihm geweihtem Opfertuch und Rasseln

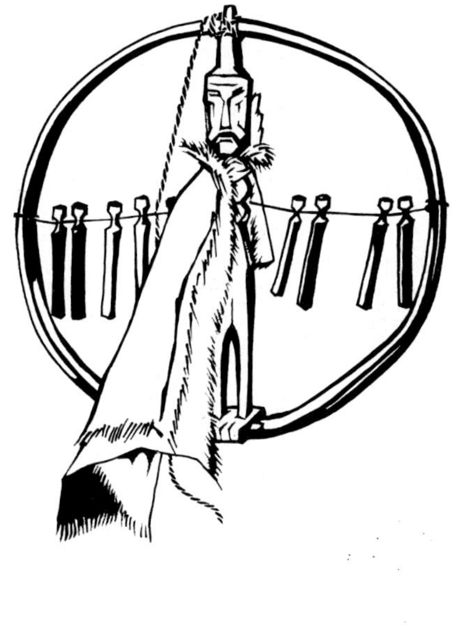

210. [A] Geist-Gesicht einer orotschischen Trommel auf einem Birkenrindebehälter für die Verwahrung der Schamanentrommel; die Augen des Gesichtes sind Sonnen- und Mondzeichen.

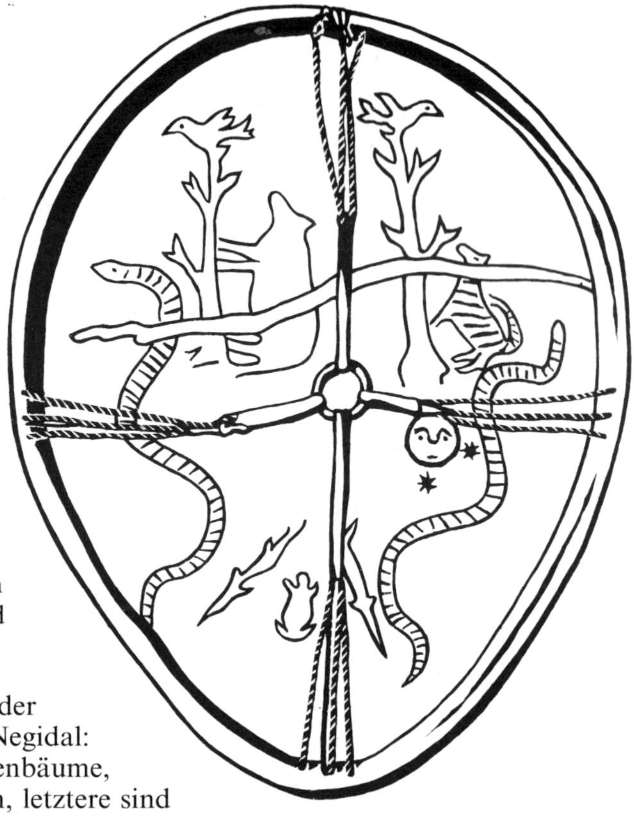

210. [B] Vielfältige Symbole an der Innenseite einer Trommel der Negidal: in Vögel auslaufende Schamanenbäume, Schlangen, Frösche und Echsen, letztere sind Symbole der unterirdischen Welt. Das Trommelinnere war mit Sicherheit bedeutungsvoller als das Äußere, vielleicht sogar geheim.

210. [C] Personifizierungen der unteren Welt (Schlangen, Frösche und Echsen) an einer Schamanentrommel der Nanai

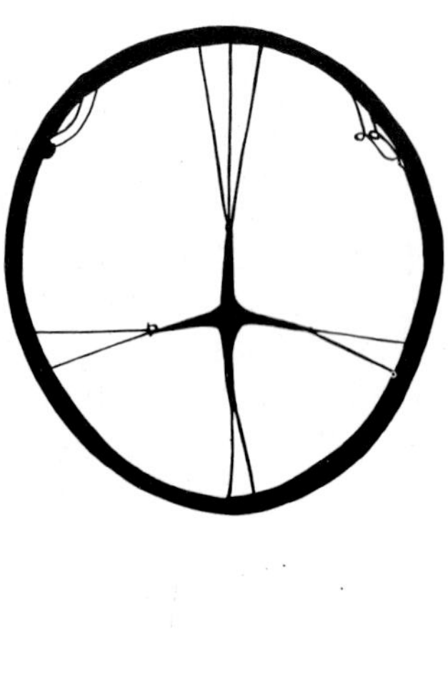

[D] Innenseite einer Udehe-Trommel, typisch ist der gespannte Zug mit dem mittels Schnur befestigten Griff.

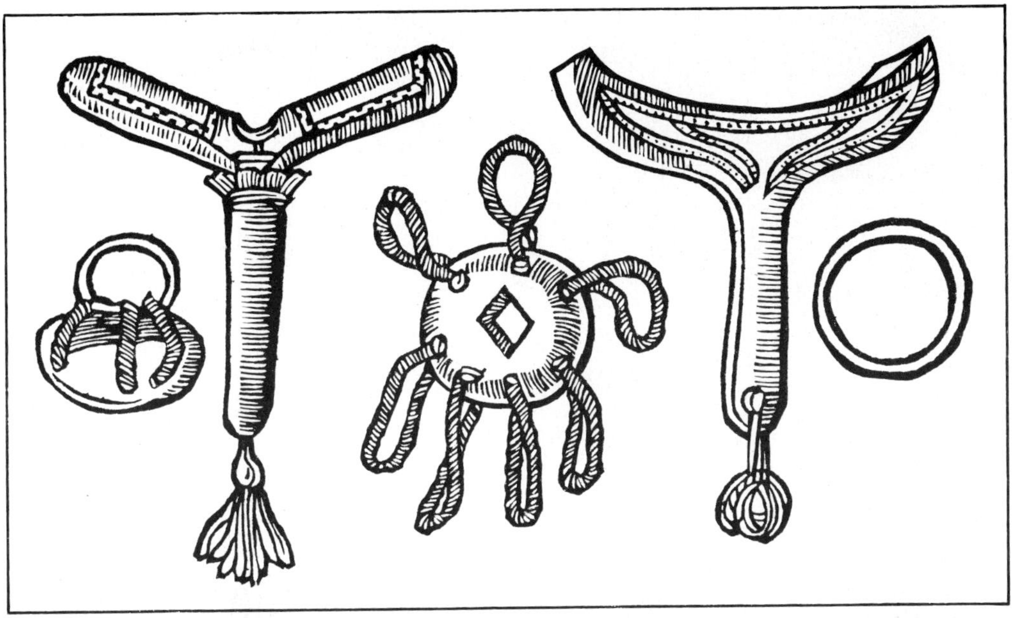

211. Zwei Schlegel aus dem 17. Jahrhundert, entnommen aus der Lapponia von Johannes Schefferus, der erwähnt, daß die verschiedenen Schlegel unterschiedlichen Zwecken dienten – der eine dieser z. B. zum Weissagen, der andere zur Herbeiführung der Ekstase. Grabungen brachten solche hammerähnlichen Schlegel bereits aus den Jahren 1000–1200 v. Ch. zutage: ein Beleg für die Kontinuität von Tradition und Praxis.

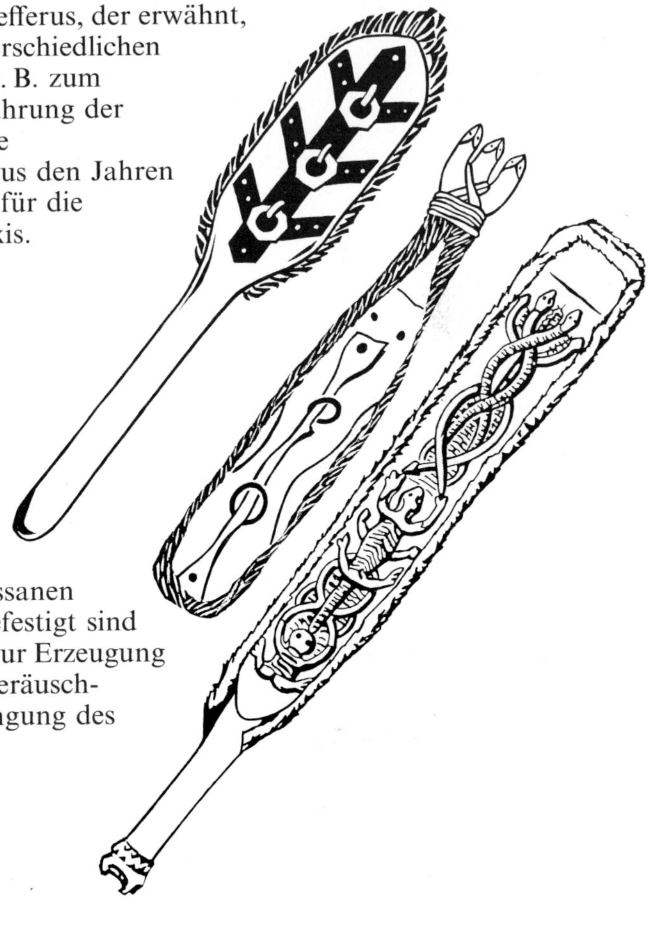

212. Schlegel der Sölkupen, Nganassanen und Ultscha aus Sibirien. Daran befestigt sind im allgemeinen kleine Metallstücke zur Erzeugung von Geräuschen. Sie und andere Geräuschinstrumente verhelfen mit zur Erlangung des veränderten Bewußtseinszustandes.

213. Tungusische Zauberin – so steht es unter dem Bild in dem 1913 in Paris herausgegebenen Werk eines deutschen Reisenden. Die allzu phantasiereiche und zugleich naiv vereinfachende Darstellung läßt nicht erkennen, zu welcher Volksgruppe die Schamanin gehört. Auffällig sind die T-förmigen Stockenden, auf die sie sich stützt. Solche Schamanenstöcke zeigten den Rang an, nicht jeder Schamane durfte sie besitzen.

214. Burjate beim Schamanisieren mit zwei Holzstöcken, deren Enden als Pferdeköpfe ausgebildet sind *(morin khorbo);* sein Gesichtsausdruck zeigt inniges Erleben und hingerissene Konzentration. Die burjatischen Schamanen erhalten bei der Initiation erst hölzerne, dann eiserne Stöcke: den ersten bereits nach dem ersten schamanistischen Ritual, den fünften bei der Erlangung der fünften Stufe. Die Stöcke mächtiger Schamanen werden nach deren Tod zerbrochen, die Stücke dienen als Talisman.

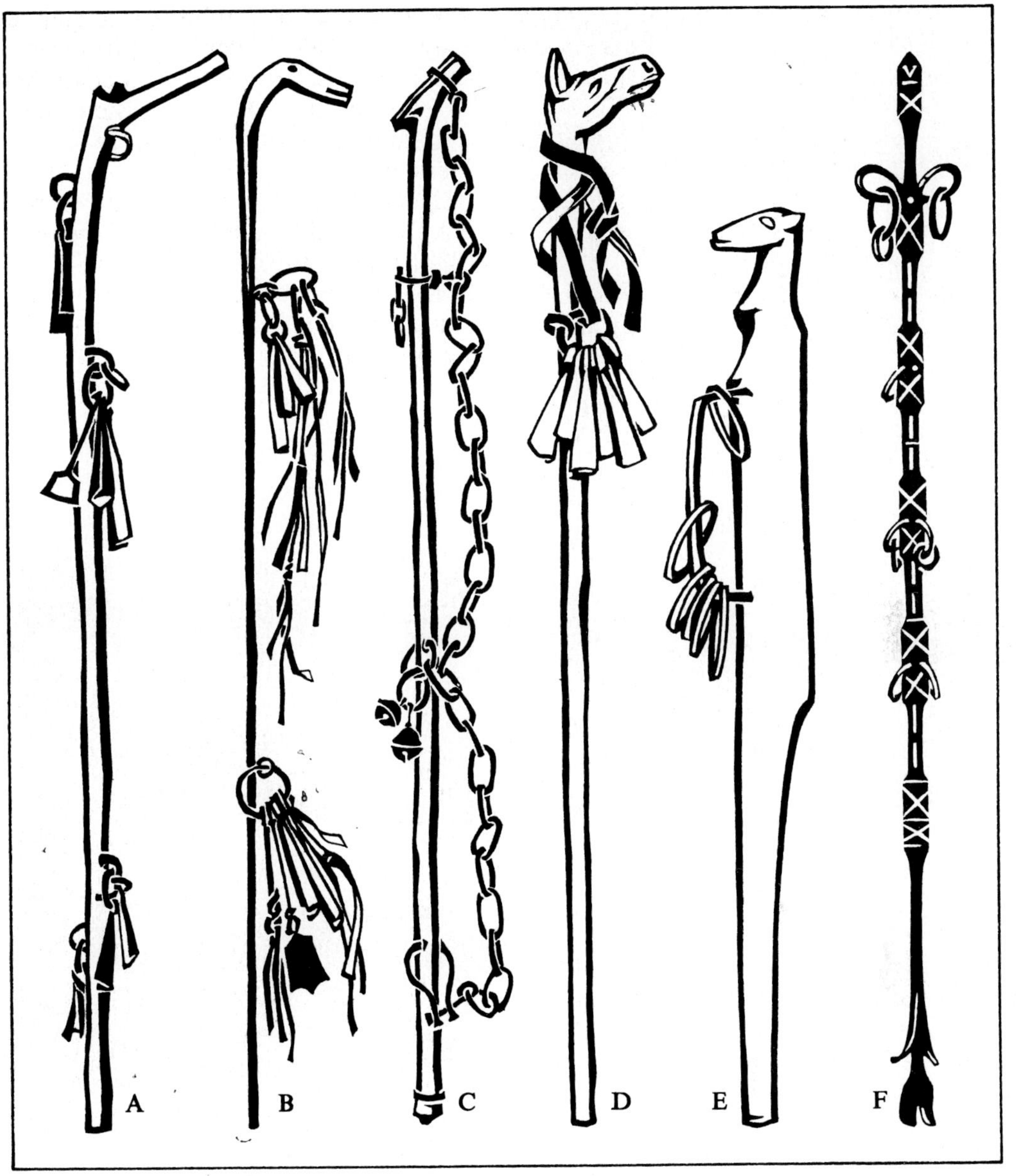

215. Der Schamanenstock hat eine doppelte Symbolik: zum einen ist er Helfer des Schamanen, „Reittier“ bei den symbolischen Reisen, zum anderen sein himmelhoher „Lebesbaum“, Mittel zur Kontakthaltung und zum Nachrichtenaustausch mit der oberen Welt. Wir zeigen hier je ein Exemplar der Stöcke vom Pferde- bzw. Reittiertyp der Burjaten (A), Mongolen (B, D), Enzen (F) und Kisilen (E). Typologisch gehört hierher auch der Kettenschellenstock der ungarischen Spielleute in Transdanubien (C). Eine treffende Lösung ist der eiserne Rentierhuf-Schamanenstock der Enzen.

216. Rundes mongolisches Filzzelt *(Jurte)* im Kopenhagener Nationalmuseum. Die Museologen haben rekonstruiert, wie ein tschakarischer Schamane aus der inneren Mongolei auf einer Trommel mit einem speziellen Kranz spielt. Der Helfer hält Schamanenstöcke mit Pferdeköpfen in der Hand. Im Hintergrund hängt eine Schamanenmaske am Jurtenzaun, daneben lehnen zwei Schamanenstöcke.

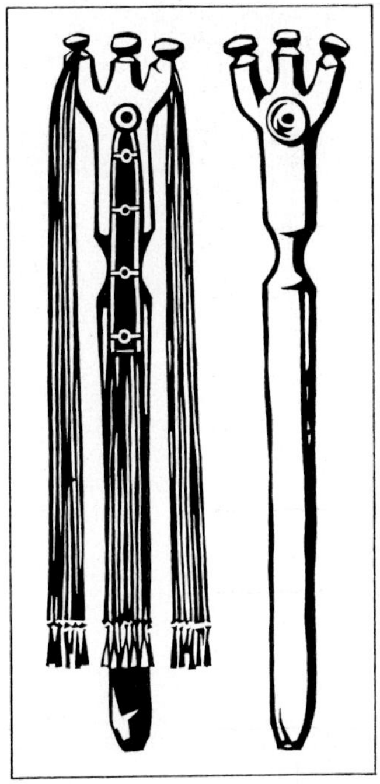

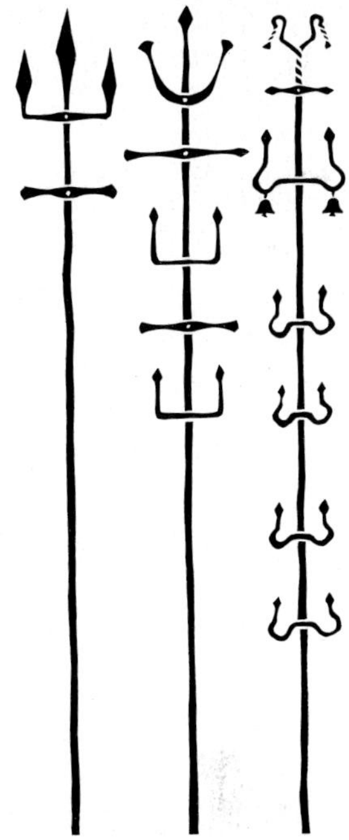

217. [A] Schamanenabzeichen tragende götzenartige Stöcke *(kojka)* mit götzenartigen Menschengesicht-Schnitzereien. Von A. A. Popow nach 1930 bei den Nganassanen gesammelt [B] Tuwinische Schamanenstöcke von der Volksgruppe Todsha. Gesammelt von S. Wainstein
218. Schmiedeeiserne Schamanenstöcke *(tāuks)* der Keten/Jenissei-Ostjaken. Gesammelt von W. I. Anutschin zu Beginn des Jahrhunderts

219. Schamane mit Krone aus der Volksgruppe der Hibe, Nordostchina. Typisch fernöstlich ist der Schamanenstock mit Rolle und Lanzenspitze.

Symbolischer „Tragpfeiler“ des Weltenbildes im nordeurasischen Schamanismus ist der Weltbaum. Diese Vorstellung geht zurück auf die kreisrunden Behausungen und die zentrale Stellung des Polarsterns: Man dachte sich den Sternenhimmel als Dach eines Welt-Zeltes, an dessen höchstem Punkt der Polarstern leuchtete und beim Orientieren half. Den Himmel hält eine gewaltige Säule, der in der Mitte (am Nabel) der Erde auf einem Berg oder Hügel stehende Weltenbaum – er ist die lotrechte Achse der Welt, Verbindung im dreifach gegliederten Universum, die Milchstraße am Himmel, um die sich der gestirnte Himmel dreht. Dieses Modell findet sich überall zwischen den Lappen und den Nanai am Amur. Den Weltenbaum ersetzt zuweilen ein mythisches Drachenechsenskelett oder die Gestalt eines Urschamanen. Auch an der Schamanenkleidung begegnet man häufig den Zeichnungen von ähnlichen skelettartigen Verzweigungen bzw. Weltenbaum-Gebilden wie auf den Trommeln.

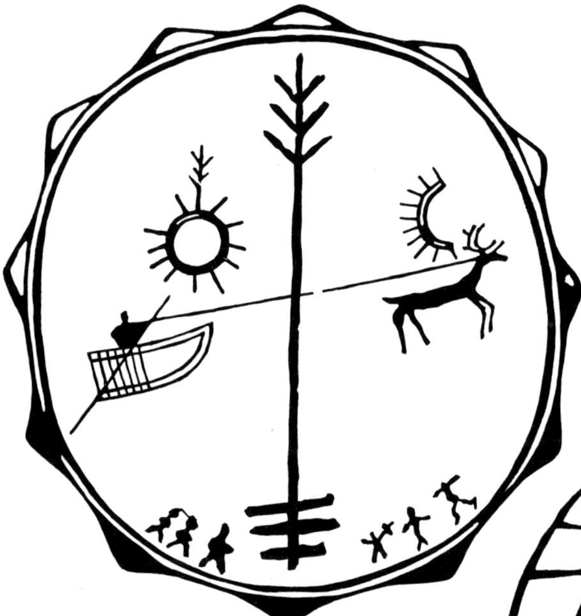

220. [A] Weltenbaum auf einer sölkupischen Schamanentrommel. Der Baum wurzelt in der dreischichtigen unteren Welt, die oberen drei Astpaare bezeichnen die Himmelsschichten. Der Baum ist zugleich Achse eines kosmischen Gesichtes mit Sonne und Mond als Augen.

220. [B] Sölkupische Trommel. In der Mitte die Skizze eines Baumes, daneben Sonne und Mond. Der linke Bogen ist mit schwarzer, der rechte mit brauner Farbe auf das Leder aufgetragen.

221. [A] Altai-türkische Trommel mit Weltenbaumsymbol. Uno Harva schrieb in den dreißiger eine Monographie über die Religion der Turkvölker im Altaigebiet. Diesem bedeutenden Werk ist unser Bild entnommen.

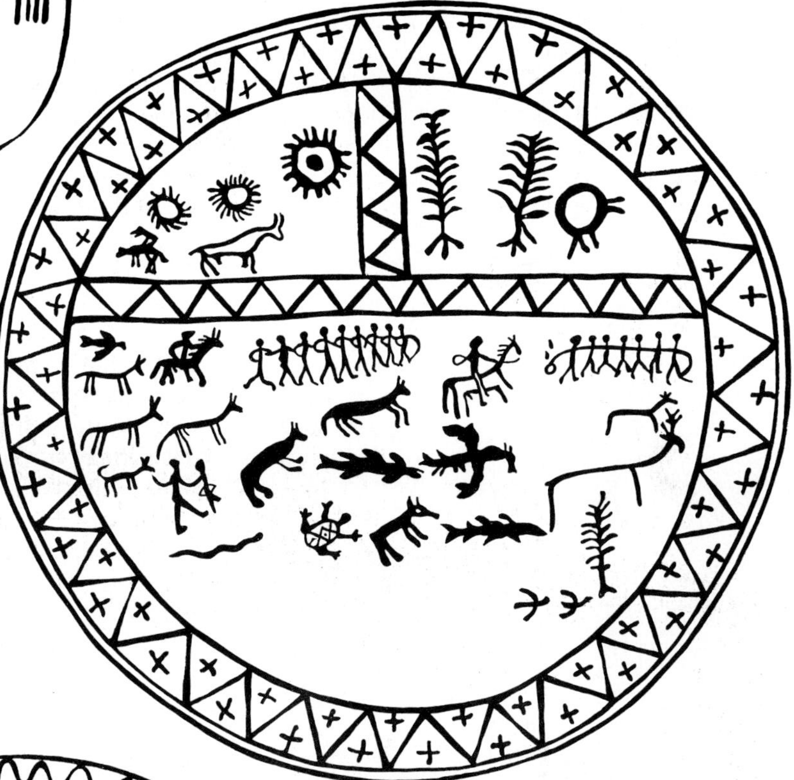

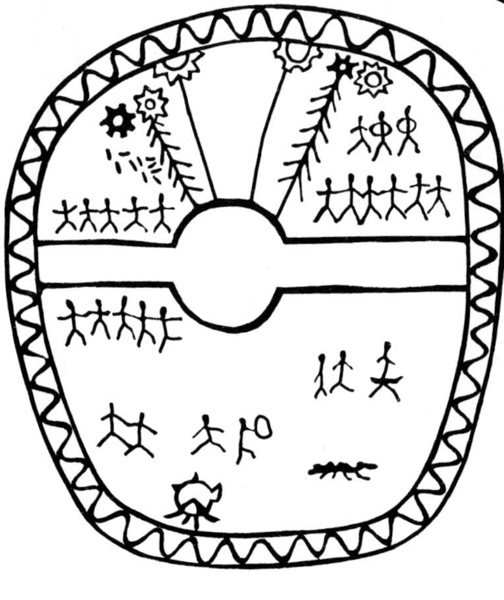

221. [B] Typische traditionelle Trommel der Chakassen. Der in der Mitte des oberen Himmelsfeldes nach oben verlaufende gezahnte Kanal ist vielleicht als Weltenbaum bzw. Weg in den Himmel, die umlaufende Verzierung als Kosmos zu verstehen.

221 [C] Schamanentrommel der Teleuten/Schoren. Die Weltenbäume wachsen hier aus einem Hügel, der den Nabel der Erde symbolisiert, an den Spitzen Sonnensymbole.

Aus dem Anthropologischen und Ethnographischen Museum in St. Petersburg

222. Einige in Vögeln endende Schamanenbäume der Dolganen *(turu)*, darunter der Baum des zweiköpfigen Himmelsvogels. Sie sind in Jakutien noch heute anzutreffen. *„Als der Gott Ai-tojon den Schamanen erschuf, ließ er vor seiner Tür einen achtästigen, niemals umfallenden Baum (tüspät turū) wachsen, und im Schutz der Äste dieses Baumes lebten die Kinder des Gottes, die Licht-Geist-Menschen. Ähnlich ließ Ai-tojon drei Bäume auf der Erde wachsen. Unter ihnen sitzend, machte er alle Zaubergeräte des ersten Schamanen und lehrte ihn, zum Wohl der Menschen zu schamanisieren. Zur Erinnerung daran hat jeder Schamane auf der Erde einen turu, also Schamanenbaum, der zu wachsen beginnt, wenn der Schamane zum erstenmal von den Geistern den Ruf empfängt. Wenn er stirbt, muß der Baum austrocknen oder umstürzen.“*
(Dolgan-jakutische Schamanensage, in der Wiedergabe von W. N. Wassiljew zu Beginn des Jahrhunderts)

223. Ein alter jakutischer Schauspieler demonstriert ein schamanistisches Ritual. An der heiligen Säule sieht man die Seele-Vögel des Schamanen, darunter den heiligen Raben. Diese Vogelhelfer leiten den Schamanen bei seinen Reisen in die obere Welt.

224. Stickerei auf dem Band der Kopfbedeckung eines ewenkischen Schamanen. Dreifacher Schamanenbaum *(turū)* im Opferhain, darüber Adlervögel. Das dreistufige Gestell war einmal ein typisches Bauwerk der heiligen Haine.

225. Aus einer „erzählenden" Szene an der Seite eines Tabakkästchens aus Birkenrinde. Die Dreiergruppe der Schamanenbäume war bei den Jakuten Schauplatz für Pferdeopfer.

226. Ein betagter Nanai tanzt beim *kasa-taori*-Ritual vor dem Schamanenbaum, der drei Stufen hat. Diese symbolisieren die Schichten der oberen Welt, die der Schamane besucht.

Die lebendige Schamanismus

Der Schamanismus ist nicht untergegangen. Wir begegnen ihm nicht nur in Museen und völkerkundlichen Monographien, sondern auch in der lebendigen Wirklichkeit. Als Element der kulturellen Tradition lebt er in zweifacher Form weiter: zum einen als kostbarer Bestandteil der Folklore, als Volksglaube, als Teil eines traditionsreichen religiösen Weltbildes. Die mytho-poetische Auffassung, das mythologische Bewußtsein hat sich seine Integrität, wenngleich im verborgenen, auch unter dem Druck der Orthodoxie und des Kommunismus bewahrt. Das andere Zeichen des Weiterbestehens sind die unauslöschlichen Bräuche. Sie werden von Generation zu Generation weitergegeben und veranlassen den Menschen, immer wieder innezuhalten, um den Geistern zu opfern, um in der Not oder auf Reisen ihre Hilfe zu erbittern, vor allem aber, um ihren Beistand in Krankenheiten zu erlangen.

227. Im sibirischen Jakutien, Sommer 1992. Am Weg ein Opferbaum. Vorübergehende geben dem Baum ein kleines Geschenk, damit ihr Gang von Glück begleitet ist.

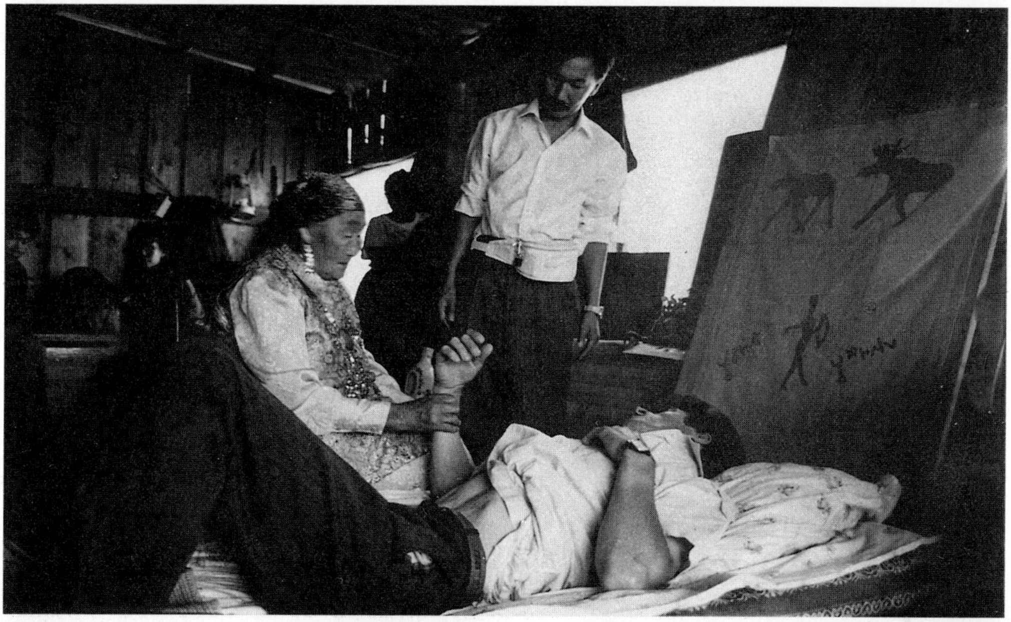

228. [A] Naturheilerin in einem kleinen jakutischen Dorf. Sie kann heute ihr Wissen, das sie von ihrem Vater, einem Heil-Schamanen *(otohut)* hat, wieder nutzen. Nach der Untersuchung des Magens und der Blutgefäße hat sie dem Patienten Heilkräuter verordnet. Als wir zu ihr wollten, standen Ratsuchende und Kranke bei ihr Schlange. [B] Das Dorf Nömögü in Jakutien, 1992. In den Gärten kahle Bäume: mit dem Tod des Schamanen soll sein Schamanenbaum *(kerehmas)* ausgetrocknet sein. Man ließ ihn stehen und will ihn um keinen Preis fällen.

229. [A–C] 1963 wurde bei den Orotschen in Nordostchina ein Dokumentarfilm gedreht, in dem Yang Guanghai, Kameramann und Regisseur in einem, ein umfassendes Bild von diesem einige Tausend Köpfe zählenden Volk vermittelt, das nomadisiert und von der Jagd lebt. Die Aufnahmen halten auch ein schamanisches Ritual fest. Es handelt sich zwar nur um eine kurze Szene, doch bleiben uns so ursprüngliche Verhältnisse überliefert.

230. [A–B] 1988 entstand in der nordostchinesischen Provinz Jilin ein Videofilm über ein traditionelles, jährliches „Räucher"-Ritual eines Mandschu-Klans, der zum Totem Hanjun gehört. Dabei werden die Abstammungsaufzeichnungen auf den neuesten Stand gebracht: man trägt in die sorgsam gehütete und geachtete Familienbaum-Darstellung von der Größe einer halben Hausmauer die Namen der Neugeborenen und Verstorbenen ein. Zu der mehrtägigen Familienzusammenkunft gehören Schweineopfer, rituelle Schamanentänze, Bittgesänge und Gebete. Bemerkenswert ist, daß diese Mandschu-Gruppe wie die mongolischen Tschakaren eine flache Trommel mit schmiedeeisernem Kranz und Außengriff verwendet (vgl. Bild 216). Die Spiegel am Kopfschmuck und die radialen Räucherstäbe an der Trommel sind Sonnensymbole.

231. Opferritual bei den Mandschu für die Gottheit des Schneefalls im Februar 1991. Unter der Jugend ist der Schamanismus inzwischen wieder populär.
232. Getreidegeist-Fruchtbarkeitsritual. Der junge Mandschu-Schamane aus dem Klan Shikteli trägt an der Krone Messingvögel als Symbole des Adler-Geistes; die Band-„Fahnen“ symbolisieren die Verwandtschaftsklans. Die Spiegel *(panaptu)* zeigen dem Schamanen die Seelen der Toten, schrecken die bösen Seelen ab und helfen, Wünsche zum Ausdruck zu bringen.

233. [A–B] Der jakutische Schamane und Schauspieler A. Fjodorow grüßt als „weißer Schamane“ an den Schamanenfelsen am Fluß Lena die Morgensonne. Der symbolische Sinn des Rituals ist, daß die Anwesenden von der aufgehenden Sonne Kraft und Gesundheit erhalten sollen. Es fand ursprünglich zur Sommersondenwende statt.
234. Symbolische Reiseszene einer Schamanenweihe im Jakutsker Theater

235. J. D. Isbekow verkörpert das jakutische Kulturleben. Als Rentner hat er sich in seine Hütte *(allas)* zurückgezogen und der Überlieferung gamäß eine Kopie der schamanistischen Opferstätte aufgebaut sowie für sich Schamanengewand und Trommel angefertigt. Er gehört zu den Bahnbrechern einer Neubelebung des Schamanismus in unserer Zeit, weil er meint, dessen Traditionen komme eine wichtige Rolle bei der Stärkung des Sacha-jakutischen Identitätsbewußtseins zu.

...Ich habe alles verstanden!
Deine gedachten Gedanken,
Deine gesprochenen Bitten!...

AUS EINEM JAKUTISCHEN SCHAMANENGESANG

Anmerkungen zu den Bildern

Abkürzungen:

BM Wladiwostokskij Musej
GE Gossudarstwennij Ermitash (St. Petersburg)
GME Gossudarstwennij Musej Etnografii Narodow SSSR (Leningrad), heute: Etnografitscheskij Musej Rossii (St. Petersburg)
MAE Musej Antropologii i Etnografii Akademi Nauk Rossii (St. Petersburg)
SMAE Sbornik Museja Antropologii i Etnografii (Leningrad)

1. Die Schamanin Lindsa Beldi (geb. 1912) bei einem Sippenfest der Nanai. Dorf Daerge, Region Chabarowsk. 19. August 1993. Foto: Mihály Hoppál.
2. Tatarischer Sund, nahe beim Fluß Idi. Foto: J. Edelstein (1905). MAE 922-3.
3. Dorf Udan am Amur. Foto: S. W. Iwanow (1927). MAE 3618-171.
4. Südlicher Altai, Aimak Megalinskij. Foto: A. E. Karunowszkaja (1929).
5. [A] Autonomes Gebiet der Chakassen, Rußland (19. Jahrhundert). Vgl.: Kyslassow–Leontiew 1980: 154.
[B] Jakutisches autonomes Gebiet, Maya (4000–3000 v. Chr.). In: Okladnikov–Mazin 1979: 129.
[C] Oborin–Tschagin 1988: 61, Bild 15. Bronzeguß.
6. [A] Diószegi 1967, Bild 4. Im Museum Krasnojarsk.
[B] Okladnikov–Saporoskaja 1970: 142.
[C] Diószegi 1967, Bild 36. Nach Prokofjewa 1949: 374.
7. Helsinki, Museovirasto – VKK 1:66.
8. Ivanov 1954: 546. Bild 8. Museum Jakutsk, Koll. Nr. 373.
9. [A, B] Dirf Daerge, Region Chabarowsk, bei Iwan Tarakowitsch Beldi. Foto: Mihály Hoppál, August 1993.
10. Campbell 1988: 153. Das Fell ersetzt den Bären.
11. Altai, Volksgruppe Kumandin. Foto: Jermolin (1900). MAE 590-36.
12. Südlicher Altai, Tschelkanen. In: Diószegi 1978: 145, Bild 24. Foto in MAE I-135-239. Diószegi gibt nicht an, wann die Aufnahme entstanden ist.
13. Die Schamanin Nisan. 1987. Titelblatt des Original-Manuskriptes aus dem Institut für Ostforschung (Institut Wostokowedenije) in St. Petersburg. Das der russischen Ausgabe (Wolkowa 1961) zugrunde liegende Manuskript wurde zwischen 1908 und 1913 in der Mandschurei aufgefunden und erschien inzwischen in mehreren Sprachen (englisch: Nowak–Durrant 1977; italienisch: Stary 1977).
14. Abakan, Minussinsker Gegend, Volksgruppe Sagaj (Abakan-Tataren, Katschinen und Chakassen). Foto: Sch. D. Majnagaschew (1914). MAE 2409-72.
15. Wdowin 1977: 120, Bild 1.
16. Anissimow 1953: 91–93, Bild von S. 92. [B] Bogaras 1907: 310–311 und danach Campbell 1989: 158, Bild 277.
17. Nach Stadling (1912) bei U. Harva 1938: 313, Bild 34.
18. Tuwa, am Fluß Alas, Gebiet Barun–Kemtschik. Kenin–Lopsan 1978: 292, Bild 1. Foto: W. P. Jermolajew (1916). Regionalmuseum Aldan-Madir, Tuwa, 1/886.
19. Lankenau 1872: 281. Aus der Schnitzornamentik des Trommelgriffs ist zu schließen, daß der Schamane ein Beltire oder Abakan-Tatare ist.
20. Oborin–Tschagin 1988: 32, Bild 56. Ohne Angabe der Fundstätte; der Form nach wohl tungusisch.
21. Transbaikalischer Tunguse. Foto: O. Mamen (1931). Cambridge University, Museum of Archeology and Anthropology. Haddon Collection, Asia. Man. 103.
22. Burjatisches Gebiet in Transbaikalien, Kreis Aginskoje. Holzschnitzerei, 84 cm lang. Awisasanskaja 1989: 95.
23. [A] Jochelson 1908: 653 Bild 170. Höhe 5 cm. Aus der Gegend des Flusses Opuka, Penschinabucht.

[B] Ebenda, S. 653, Bild 169 d. Name des Ortes: Paren.
[C] Ebenda, S. 654, Bild 170. Name des Ortes: Kuel.

24. Fluß Birjussa, Berg Uljab. Karagas. Foto: W. N. Wassiljew (1909). MAE 1488-174.
25. Oberlauf des Amur, Volksgruppe Nanai. Der Kaschatai-Schamane Iwan Tarakowitsch Beldi. Foto: Juha Pentikäinen (1991).
26. Gouvernement Jenissej, Gebiet Minussinsk, Volksgruppe Tuwa. Ende des 19. Anfang des 20. Jahrhunderts. Höhe 28 cm. Awissanskaja 1989, Bild 100.
27. Okladnikow 1981: 1. Bei Chabarowsk, Sikatschi-Aljan, 4000 bis 3000 v. Chr.
28. [A] Devlet 1980: 226. Mugur-Sargol, Tuwa. Bronzezeit, 2000 v. d. Z.
[B] Okladnikow–Martinow 1972: 133. Noworomanowo, Tom, ein Nebenfluß des Ob. v. d. Z.
[C] Kyslassow–Leontijew 1980: 117. Chakassien. 18.–20. Jahrhundert.
[D] Okladniko..., 81 b.
29. Oborin–Tschagin 1988: 68, Bild 23. Bronzearbeit aus Perm, 9./10. Jahrhundert. Sammlung von Nowokrestschennij. 12,6 × 1,8 cm. GE, TD-560/41. Schamanenstöcke mit Pferdekopf finden sich bei den Burjaten; vgl. Bild 215.
30. Oborin–Tschagin 1988: 59. Bild 13. Perm, Bronze. 6 × 8,5 cm. Gefunden 1980 in dem Dorf Kondratjewa Sloboda, Kreis Tscherdyn.
31. Oborin–Tschagin 1988: 60, Bild 14. Perm, Bronzeguß aus den Grabungen von Gladenowskoje, ausgeführt 1896/97 von N. N. Nowokrestschennij. 14,5 × 9 cm.
32. Brentjes 1982, Zeichnung 92. Issik Kurgan, Kasakistan, 4.–5. Jahrhundert v. Chr. In Vogelgestalten endende Schamanenstöcke finden wir bei den Jakuten. Vgl. Bild 224 und 225 in diesem Band.
33. Bakay 1971: 11. Karpatenbecken, 4.–3. Jahrhundert v. Chr. Über Parallelen der Schellen und Stockenden s. Näheres bei Bakay 1971, Kap. 3. Er nimmt an, daß die Klappern kultischen Zwecken dienen, und da die skythischen Rituale viele schamanistische Elemente enthalten, ist ihre entsprechende Nutzung nicht ausgeschlossen. Bakay betont allerdings, daß es sich nur um eine Hypothese handelt.
34. A–B Skythien, 5. Jahrhundert v. Chr. Altai, Pasirik. Vgl. Bongard–Lewin–Grantowskij 1981: 139.
35. Jettmar 1967: 112, Bild 95. Skythisch, 5. Jahrhundert v. Chr. Altai, Pasirik (Noin-Ula). Wandteppich aus Filz mit Applikationen. Ulla Johansen hält es in ihrem Aufsatz über die Geschichte des Schamanismus (1987) für möglich, daß es sich um eine der ältesten authentischen Schamanendarstellungen handelt.
36. [A] Felszeichnung aus der Gegend von Abakan nach Appelgren–Kivalo. Gyula Németh 1940: 3.
[B] Törtel, Ungarn. Hunnisch, 5. Jahrhundert. Ähnliche Kessel zeigt Martynow 1991: 225–226, Bild 97–98 aus den Felszeichnungen von Bolschoja Bojarskaja.
37. Diószegi 1967. Bild 11. Homokrév–Mokrin, Wojwodina.
38. Naturkundlicher Museum, Anthropologische Sammlung, Budapest. Grabfund aus dem 9. Jahrhundert. Foto: Jenő Lévai.
39. Déry-Museum, Debrecen. Inv.-Nr. 581. 1938. Hajdúdorog, Ungarn, 9. Jahrhundert. Knochen: 5,1 cm. Foto: József Karáth.
40. Witsen 1672. Die Reproduktion stammt aus der 2. Auflage von 1785, Bibliothek der Ungarischen Akademie der Wissenschaften.
41. Schefferus 1673. Bei Juha Pentikäinen 1984: 145. Interessanterweise habe ich dieses Bild in der Ausgabe aus dem darauffolgenden Jahr (Scheffer 1674) nicht gefunden.
42. Stich aus dem 17. Jahrhundert. London, Sammlung der Radio Hulton Library. Vgl. Scheffer 1674: 56. Interessant ist ferner die Bemerkung von Campbell (1988: 302, Bildunterschrift), der von Rentieren gezogene Schlitten im Hintergrund sei vielleicht ein Urbild der europäischen Nikolaus-Vorstellung; der Nikolaus habe seinen Wohnsitz im verschneiten Norden, und seine alljährlichen Rei-

sen zur Zeit der Wintersonnenwende imitierten möglicherweise die Himmelsflüge der lappischen Schamanen.

43. [A] Rheen 1671. Neuere Ausgabe 1897: 32. Vgl. auch Bäckmen-Hulkrantz 1978: 38. [B] Schefferus 1673 (Neuauflage 1956: 157).
44. Leem 1767. Neuauflage des Originals 1956. Anders als die in den Museen befindlichen Exemplare, hat diese Trommel eine enorme Größe.
45. Georgi 1776, Bild 86.
46. [A–B] Georgi 1776, Bild 82–83.
47. [A–B] Georgi 1776, Bild 44–45. A. O. Heikel fotografierte 1890 im Irkutsker Museum ein als tungusisch identifiziertes Schamanengewand, dessen Rückteil gleichfalls mit Flughörnchenfellen behängtwar. Das Foto befindet sich im Nationalmuseum Helsinki, Bildarchiv der Völkerkundlichen Abteilung (VKK 1:143 b.); vgl. Lönnqvist 1985: 82. Über das Flughörnchen als Hilfstier des Schamanen vgl. Janhunen 1989.
48. Georgi 1776, Bild 62. Ein anderer deutscher Reisender, J. G. Gmelin, der zwischen 1733 und 1744 in Sibirien weilte, schildert eine Begegnung mit einem tungusischen Schamanen, der ihm gleichfalls den Pfeil-Trick demonstriert. Er durchstach mit dem Pfeil seitlich seinen Ledermantel, wobei er seinen Körper aufs äußerste zusammenzog. In der Hand hielt er eine mit Blut gefüllte Blase, aus der er an der Ausstichstelle ein wenig Blut fließen ließ, so als ob er blutete (Gmelin 1751–52:II:46–49).
49. Georgi 1776, Bild 68. Die Korjaken verwenden übrigens einen ganz anderen Trommeltyp als den hier dargestellten. Der Griff erinnert eher an den der sölkupischen Trommeln. Vgl. Pelikh 1972: 153, Bild 22.
50. Lankenau 1872: 281.
51. Ratzel 1895:III:552.
52. Buschan (o. J.) II:264, Bild 316. In den 1970er Jahren drehten Aleksandr Oskin, Jurij Schimtschenko und Galina Gratschowa einen brillanten Dokumentarfilm über die Beisetzungsbräuche der Nganassanen.
53. Finsch 1879, Bild 47. Mehrere Videoaufnahmen neueren Datums zeigen ebenfalls Besonderheiten der Benutzung des Schlegels durch den Schamanen.
54. A. Nagy zeichnete die Karte nach den Angaben von E. D. Prokofjewa, V. Diószegi, J. Campbell und M. Jankovics. Natürlich sind die Volksgruppen hervorgehoben, die in diesem Buch erwähnt werden.
55. Applikationsarbeit, gezeichnet von András Nagy nach Iwanow, S. 50, Bild 26.
56–58. Iwan Sopotschin und seine Familie an ihrem Wohnsitz am Fluß Voki-rap-jagun.
59. Gebiet Obdorsk. Volksgruppe Jurak-Samojeden/Nganassanen. Foto: T. Lehtisalo. Nationalmuseum Helsinki, Bildarchiv. SUK 596:148.
60. Geschmiedet. Volksgruppe Ostjaken/Samojeden-Sölkupen. In: Diószegi 1967, Bild 34. Gezeichnet von András Nagy.
61. Fluß Kim. Volksgruppe Sölkupen. Foto: Kai Donner (zwischen 1911 und 1913). Nationalmuseum Helsinki, Bildarchiv. SMK 205:1. K. Donner berichtet über seine Reiseerlebnisse in einem 1918 erschienenen Buch; das Zitat entnehmen wir der englischsprachigen Ausgabe.
62. Chomitsch 1981: 27.
63. Usty Awam, Halbinsel Taimyr. Foto: Aado Lintrop (1975).
64. Ebenda. Foto: A. Oskin. Bevor er starb, stellte sich der greise Schamane für ein überaus wertvolles, umfassendes, mehrstündiges Filminterview zur Verfügung (Farbfilm, 35 mm, in Ethnographischen Institut der Russischen Akademie der Wissenschaften, Moskau).
65. Aleksejenko 1954, Bild 3.
66. Iwanow 1954: 90, Bild 78.
67. Unbekannter Ort. MAE 2489-8. Foto: Suslo (1915).
68. Holmberg 1922: 19. Foto: Uno Harva (1917).
69. American Museum of Natural History, New York. Neg. No. 1334.
70. Iwanow 1954: 25, Bild 1. Asiatische Eskimo.
71. [A] Iwanow 1954: 400, Bild 249. MAE 202-5.
    [B] Iwanow 1954: 400, Bild 250. 2. MAE 1124-36.
72. American Museum of Natural History. Foto: W. Jochelson. Neg. No. 4120.
73. Altai, Nationalität Teleuten/Schoren.

Vgl. Iwanow 1954: 655, Bild 96; vgl. 176, Bild B in diesem Band.

74. Altai-türkisches Volk. Foto: K. Hildén (1914). Zum Trommelgriff vgl. Bild 173 in diesem Band.
75. Foto: J. A. Granö. (1914).
76. Abakan, Region Atschinsk. Nationalität Katschinen. Foto: Sch. D. Majnagaschew (1914). MAE 2409-2.
77. Ebenda. MAE 2409-65.
78. Ebenda. MAE 2409-60. Archiv-Nr. der Bildserie über das Pferdeopfer: 2409-59 bis 2409-67. Das Archiv in St. Petersburg besitzt Negativplatten in ausgezeichnetem Zustand.
79. [A–C] Usbekistan, Serafschan. Foto: W. N. Baschilow (1979).
80. Dorf Gawo, Ferganabecken, Usbekistan. Foto: W. N. Baschilow (1968). Der Schamane heißt Taschmat Cholmatow.
81. American Museum of Natural History. Foto: W. Jochelson (1897). Neg. No. 1971.
82. Buschan (o. J.) 308, Bild 257.
83. Diószegi 1968. A:249, Bild 2.
84. Autonomes Gebiet Tuwa. Stoff, Leder und Federn (gezeichnete) Rekonstruktion). Mehrere ähnliche, mit menschlichen Gesichtern geschmückte Exemplare finden sich im Budapester Ethnographischen Museum.
85. Etnografisk Musee, Oslo. Foto: Orjan Olsen (1914), veröffentlicht bei Stadling 1912.
86. Finnisches Nationalmuseum, Helsinki. Fotoarchiv, VKK I:58, 1989.
87. [A–B] Iwanow 1954: 727, Bild 23. Nach Changalow.
88. Geschmiedet, 19. Jahrhundert. Chamsina–Imenochojew 1981: 95.
89. Aus den Grabungen des Archäologen Molodin. Er berichtet, mehrere Gehänge mit solch rätselhafter Ornamentik am Gewand das bestatteten Schamanen gefunden zu haben. Keine burjatische Arbeit; das Muster weist auf kulturelle Verbindungen nach dem Süden hin. Vgl. Chamsina–Imenochojew 1981: 103.
90. Der Autor bekam dieses Foto von T. M. Michajlow mit der Bemerkung, über Ort und Umstände der Aufnahme habe er keine Angaben, doch sehe man selten einen Schamanen mit einem Schwert.
91. Gebiet Bajangol, Altai. Foto: J. G. Granö (1914). Finnisches Nationalmuseum, Helsinki. Name des Schamanen: Otschir bö. Keine Angaben, wie die Aufnahme entstanden ist.
92. Heissig 1980: 109. Den Stich veröffentlichte erstmals Rintchen 1955.
93–94. Gegend am See Hövsgöl, Mongolei. Volksgruppe Urjanhaj. Foto: László Kunkovács (1990).
95. [A–B]Nepal. Vgl. Oppitz 1922: Bild 5 bzw.: 67, Bild 6, wo die Symbole entgegengesetzt erklärt werden.
96. Mittel-West-Nepal. Stamm Magar. Foto: Michael Oppitz (Mai 1979).
97. West-Nepal. Gebiet Jajarkot. Foto: Gregory Maskarinec (1980).
98. Nordwest-Nepal. Gebiet Mustand. Stamm Thakali. Foto: R. Greve (1980). Lit.: Greve 1981–82.
99. Iwanow 1954, Beilage. Im Museum Krasnojarsk. Ewenkisch. Leder mit Perlenstickerei. Gebiet Krasnojarsk.
100. Volksgruppe Eweken. Am Fluß Steinige Tunguska. Foto: J. J. Makarenko (1913). Diese fotografische Rarität erhielten wir zur Publikation von Tatjana Sem, Russisches Ethnographisches Museum.
101. Vgl. Donner 1922: 132.
102. Früheres Museum der Völker der Sowjetunion, Moskau.
103. American Museum of Natural History, New York. Neg. No. 1610. Das Bild stammt aus dem Material der Jesup North Pacific Expedition.1610.
104. Gebiet der Eweken. Südjakutien. Name der Schamanin: Matjona Kylbeltirowa. Foto: A. Slapins (1975). Ein Geschenk von E. Novik. Vgl. auch Hoppál 1992.
105. Gegend von Chailar. Volksgruppe Orotschen. Nordostchina. Foto: Qui Pu (1959). Frühere Angaben: Mercier 1977 bringt das Foto von Toumanoff 1882. Ferner Lindgren 1935, Tafel I–VIII sowie die Zeitschrift Atlantis 1934 vol. VI:I:12. mit dem Bild einer solonischen Schamanin. Zur kreuzförmigen Zeichnung auf der Trommel vgl. Lommel 1965: 118 und Hoppál 1992, Bild 18.
106–107. Tal des Flusses Imin, Gegend von Chailar. Nordwestliche Mandschurei,

Nordostchina. Gesammelt von E. J. Lindgren (1932). Vom Gewand der 25jährigen verstorbenen Schamanin trennte sich der Vater – ein örtlicher Sippenältester (guzda) – nur schwer, weil es eigentlich an den nächsten Schamanen übergehen sollte. Tafel I–VI. Farbzeichnung von Edith King. Die Sammlung von E. J. Lindgren (darunter Fotos und ein 16 mm Film) verwahrt das Museum of Archeology and Ethnography in Cambridge. In Klammern, nach Lindgren, die Bezeichnungen in der örtlichen Sprache Nümintschen.

108. Solonischer Schamane. Atlantis 1934. VI:I:12.
109. Kreis Hulunbel, Mandschurei, Nordostchina. Foto: Guo Shu-yun. Name des Schamanen: Tu Mingyang.
110. Masin 1981. Das Buch des Russen ist eine mustergültige Monographie. Es gibt eine exakte Beschreibung eines einzigen Schamanengewands bis ins letzte Detail.
111. Nordmandschurei. Großes Kingan-Gebirge. Foto: Wang Honggang (Februar 1990). Bei den Chinesen werden die Orotschen als orogen bzw. olunchun geschrieben und gesprochen. Name des Schamanen: Guan Kouni.
112. Pozzi 1992. In der Mandschurei haben die meisten Schamanen bis heute handgeschriebene Zeremonienbücher; eins habe ich im August 1991 selbst gesehen. Das Zitat stammt aus der in St. Petersburg befindlichen Abschrift des Buches des Schamanin Nischan. Ungarische Ausgabe: Verlag Helikon 1987.
113. Aufnahme von I. I. Kosminskij 1929 bei den Nanai am Fluß Tumnin. MAE 472–192.
114. Die Nanai-Schamanin Lindsa Beldi. Vgl. Bild 1. Foto: Mihály Hoppál (1933).
115. Iwanow 1954: 375, Bild 224. 1.
116. Iwanow 1954: 389, Bild 240. GME 2079-2-a.
117. Iwanow 1954: 342, Bild 198. Udehe, am Amur. Bemalte Fischhaut. GME 1995-3.
118. Halla 1980: 55.
119. Kim Taegon 1988: 83. Das Bild befindet sich in Seoul. 88 × 57 cm. Im Heiligtum aller koreanischen Schamaninnen begegnet man wenigstens 4–6 solchen Darstellungen. Unter den Bildern findet man Porträts der verschiedensten alten Generäle; sie symbolisieren im koranischen Schamanen-Pantheon die Kraft.
120. Der französische Ethnologe Alex Guillemoz führte uns zu der damals 71jährigen Mudang Hong Insun (geb. 1920), die im Zentrum von Seoul wohnte, einige hundert Meter von der U-Bahn entfernt. Sie starb 1992. Foto: Mihály Hoppál (Juli 1991).
121. Die 71jährige Schamanin Hong Insun, von der der ungarische Ethnologe Gábor Vargyas bei einer ganztägigen Zeremonie Videoaufnahmen anfertigte. Foto: Mihály Hoppál (Juli 1991).
122. Berg In'wang, Seoul. Name der Schamanin: Cho Bosah, ihr Alter: 37. Die koreanischen Schamanen verwenden statt der Trommel oft den Gong, vor allem bei Ritualen in Freien. Foto: Mihály Hoppál (26. Juli 1991).
123. Halla 1980: 61.
124. In Wu-ih dong, nahe bei Seoul. Foto: Mihály Hoppál (26. Juli 1991).
125. In Wu-ih dong, nahe bei Seoul. Foto: Mihály Hoppál (1991). Die Schamanin trägt die Weissagung des Feldherrengottes Gang gun gong su vor. Zur doppelten Weltsäule vgl. die ewenkische Zeichnung von Anissimow in: Halifax 1982: 84.
126. In Toegewuon, Kreis Kyung-gi, nahe bei Seoul. Dieser Teil der Zeremonie heißt gang gun gori. Datum: 27. Juli 1991. Im chinesischen Shenyang habe ich im Städtischen Museum ein originales Feldherrengewand mit Metallschuppenbeschlägen gesehen. Ein Hauptzug des koreanischen Schamanismus ist der starke kulturelle Synkretismus. So gelangte z.B. bei derselben Zeremonie auch der amerikanische General MacArthur ins Schamanenpantheon.
127. In Wu-ih dong, nahe bei Seoul. Foto: Mihály Hoppál (26. Juli 1991). Der messerartige Gegenstand ist ein Schamanenattribut (wöldo).
128. Ort und Datum wie Bild 127. Die sog. Silla-Krone gilt als Beweis für kulturelle

Verbindungen der koreanischen Könige zu Sibirien im 6. Jahrhundert. Vgl. Covell 1986: 20–22.

129. Ort und Datum wie Bild 127. Die Gleichgewichtsprobe mit dem Schwein und das Balancieren des Opferfleisches auf der Schwertspitze gehören bis nach Vietnam zu den schamanistischen Ritualen (Mitteilung von Gábor Vargyas).

130. Über die Symbolik der Schamanenkleidung schreibt näher Holmberg 1922; Eliade 1964: 145–168; Stolz 1988: 78–142. [A–B] Popow 1984, Bild 4–5 (Vorder- und Rückansicht).

131. Gračeva 1978: 319, Bild 2. Die Bildunterschrift in der Originalveröffentlichung ist leider unzutreffend, denn das von uns veröffentlichte Bild zeigt nicht die Rück-, sondern die Vorderseite des Gewandes (koge). Es wurde nach Hinweisen des Schamanen von dessen Frau aus Renfellen angefertigt, die Fellseite kam nach innen. Die rechte Seite ist rot, die linke schwarz eingefärbt; letztere symbolisiert Winter und Dunkelheit, erstere Sonne und Frühling. An die rote Seite wurden Metallbehänge genäht, die die Hilfsgeister des Schamanen bedeuten.

132. [A] Nach Diószegi 1967, Bild 28. [B] Nach Diószegi 1967, Bild 29. Ursprünglich Nioradze 1925: 69.

133. Diószegi 1968: 319, Bild 72. Diószegi rekonstruierte nach mündlichen Berichten und Zeichnungen das Schamanengewand (vgl. ebenda, S. 294), das der Schamane Ilja Bolchojew trug.

134. Iwanow 1954: 91, Bild 80. Nach Anutschin 1914: 73 und Bild 73.

135. Siedlung Rintschilhumbe, Aimak Hövsgöl, Mongolei. Verwendet von der Schamanin Lubsangiju aus der Völkerschaft ulan xülar. Gesammelt von Diószegi im Juli 1960. Museum für Völkerkunde, Budapest, 60.96.12. Foto: Ferenc Cservenka.

136. [A–B] Gračeva 1981: 155, Bild 1 a, 6781-1 ab. Siedlung Wolotschanka, Region Dudinka. Halbinsel Taimyr. St. Petersburg, MAE. 6781-1.1.-7.

137. Gračeva 1981: 160, Bild 4, 6781-4 ab. Inv.-Nr. des Pfeiles 6781-4.

138. Westsibirien, ewenkisch (Wasjugani). Museum für Völkerkunde, Budapest, 3548. Gesammelt von K. Pápay, 1889.

139. Shirokogoroff 1935: 194. Der große Metallspiegel wird als arkaptun bezeichnet.

140. Kenin-Lopsan 1987: 47, Bild 3.

141. Dorf Bulawa. Nanai. Foto: Jewdokija Gajer (1973).

142–143. Ostsammlung der Ungarischen Akademie der Wissenschaften (Manuskript Nr. 26), vgl. Nischan 1987. Das Bild von der zeremoniellen Verwendung des Pfeiles findet sich auf S. 28; Nischan 1987: 82. Der Übersetzung liegt das in der Londoner School of Oriental and African Studies verwahrte Manuskript (Katalog-Nr. SOASMS 656317) zugrunde.

144. Diószegi 1962, bei S. 80. Ohne Hinweis auf die ethnische Zugehörigkeit des Schamanen; dem Brustschmuck nach wohl ein Ewenke oder Samojede.

145. Iwanow 1979: 67, Bild 50 (Krone) und 49 (Stirnband). Volksgruppe Sölkupen, Samojeden. Die Zeichnung der Krone entstand im Museum Krasnojarsk. Näheres über die sölkupische Schamanenkleidung bei Prokofjewa 1949.

146. Anutschin 1914: 84, Bild 104. Nach einer Zeichnung von W. M. Dudin.

147. Teil einer Ausstellungspuppe. MAE 2184-2. Negativglasplatte 9 × 24. Vgl. Hamayon 1992: 135.

148. Popow 1984, [A] Bild 7, [B] Bild 8, [C] Bild 1. Volksgruppe Nganassan-Samojeden. Siedlung Usty Awam.

149–150. China, Volksgruppe Mandschu. Dorf Han, Kreis Ula Jie, nahe bei der Stadt Jilin. Foto: Zhang Jianghua. Besonderer Dank gebührt den chinesischen Kollegen, die mir ihre unveröffentlichten Fotos zur Verfügung stellten, allerdings den Namen des Schamanen nicht angeben konnten.

151. Shirokogoroff 1935: 293. Der Gelehrte russischer Herkunft erwähnt, daß dieser Kopfschmuck bei den Volksgruppen Birartschen und Kumartschen sowie bei den Tungusen im Khingan-Gebirge verbreitet war. Er wird übrigens 60 Jahre nach der Beschreibung durch Shiro-

kogoroff in fast unveränderter Form verwendet. Vgl. Shi Kun 1991: 23–24.

152. [A] Carter–Covell 1981: 26 und [B] Covell 1981: 5. In einem der Königsgräber bei Kyongju gefundene Königinnenkrone. Weitere Aufnahmen von Kronen bei Covell 1986: 140–141.

153. GME Inv.-Nr. 650-15. Gouvernement Jenissej, Kreis Minussinsk, Volksgruppe Tuwa. Höhe des Objektes 26 cm.

154. Djakonowa 1978: 332, Bild 5. Ebenda S. 336–337 ausführliche Beschreibung. Siedlung Inek-Tasch am Fuß des Kisil-Taiga-Gebirges, Volksgruppe Tuwa. Das Schamanengrab wurde 1959/60 von einer Expedition der Sowjetischen Akademie der Wissenschaften am rechten Ufer des Isku erschlossen.

155. Oslo, Etnografisk Museum, 22.717.b. Foto: Ann Christine Eek. Den Schamanenkopfschmuck sammelte zusammen mit einem Schamanengewand 1914 Orjan Olsen. Näheres über die ähnlichen Kopftrachten der Tofa/Karagassen bei Diószegi 1968: 296–320.

156. MAE, Foto 2106-87 von Akim Kurotschkin (1913). Ohne Ortsangabe. Pelzmützen wurden bei den Jakuten und anderen sibirischen Völkern früher so zugeschnitten, daß die Ohren freiblieben. Erstveröffentlichung.

157. Iwanow 1954: 359, Bild 209/2. In der Sammlung des Museums Wladiwostok. Kol. Nr. 1015.

158. Iwanow 1975, Bild 11. Foto: W. A. Stukalow. 30 cm.

159. Iwanow 1975, Bild 36. MAE. Foto: W. A. Stukalow.

160. Iwanow 1975, Bild 28. GME. Foto: W. A. Stukalow. 25 cm.

161. [A–B] Gračeva 1989: 146–147. I, Bild 1–2. MAE. 6680-70-71. Siedlung Usty-Awam, Halbinsel Taimyr.

162. Okladnikov 1981, Bild 56. Foto: Ferdinand Kusiumow. 40 × 28 cm. Gesammelt von W. Wassiljew (1913). Dorf Tamitsch, Region Chabarowsk.

163. Iwanow 1975, Bild 50. MAE. Foto: W. A. Stukalow. 15 cm.

164. Nordiska Museum, Stockholm. Foto: István Rácz.

165. Karjalainen 1922:II:6, Bild 10.

166. Buschan (o. J.) tom. II, Bild 310. Ähnliche Idole veröffentlicht Diószegi 1968.B:390.

167. Sammlung von T. W. Serebina. St. Petersburg, Musej Istorii Religii. Mit Dank für die Erlaubnis zur Veröffentlichung.

168. [A] Iwanow 1979: 184, Bild 178; [B] ebenda, Bild 177. Iwanow analysiert und vergleicht eingehend die Stilmerkmale alter türkischer Steinstatuen und der Griffköpfe altaischer Schamanentrommeln ebenda, S. 183–186.

169. Foto: Zoltán Kemény.

170. [A] Tölösssen, eine altai-türkische Volksgruppe. MAE Kol. 2952-1. Foto: Mihály Hoppál. [B] Volksgruppe Altai-Kishi. MAE. Kol. 5064-10. Zu den Typen der Kupferbeschläge vgl. Iwanow 1979: 98–101. Foto: Mihály Hoppál.

171. Gebiet Bajangol, Mongolei. Archiv des Finnischen Nationalmuseums, Helsinki, VKK 156: 8. Foto: Sakari Pälsi (1909).

172. Diószegi 1978: 94, Bild 8. Das Tagebuch von D. G. Messerschmidt befindet sich im St. Petersburger Archiv der Russischen Akademie der Wissenschaften: 9811, Nr. 22, *Sibirica perlustrata*... Die Zeichnung stammt von S. 22.

173. Prokofjewa 1961, Tafel 22.1 (vgl. Bild 74).

174. [A–B] Iwanow 1954: 642, Bild 84. Altai-Gebiet, türkische Volksgruppe. MAE 4853-3.

175. [A] Iwanow 1954: 95, Bild 88. Ethnographisches Museum der Universität Kasan. Volksgruppe Keten. [B] Iwanow 1954: 73, Bild 59. Die Trommel selbst ist im MAE nicht mehr vorhanden, nur noch eine 1928 von F. Peschich in Turuchan angefertigte Tuschzeichnung.

176. [A] Iwanow 1954: 656, Bild 120. GME 4332-128. Sone und Mond sind mit den denkbar einfachen Symbolen ʘ und O dargestellt. [B] Iwanow 1954: 655, Bild 96. MAE. A.-V.-Anochin-Archiv Nr. 275. Zu dieser Trommel s. auch Diószegi 1978: 10-112, zur Symbolik der altaiischen Trommeln Iwanow 1955, zur Symbolik der sibirischen Schama-

nentrommeln Baschilow 1986. [C] Iwanow 1955, Bild 8. Archiv von I. I. Sawenko (1912) (vgl. Bild 73).

177. [A] Prokofjewa 1961, Tafel 5, 3b. MAE, o. Inv.-Nr. O 83 cm. [B] MAE, vermutlich ketisch. Foto: Mihály Hoppál. Ein ähnlich viergeteiltes Weltmodell finden wir auf nganassanischen Trommeln, vgl. Iwanow 1954: 80, Bild 67.

178. Iwanow 1954: 168, Bild 21.2. Früheres Musej Narodow SSSR, Moskau, 18KP-40326. Vom Baikalsee. Gesammelt von M. A. Levin. Name der Schamanin: Anna Tulbukonowa, eine Schamagirin. Ø der Trommel 76 cm.

179–180. Die Tafeln wurden zusammengestellt von András Nagy, dem für seine selbstlose und anregende Arbeit an dieser Stelle gedankt sei.

181. Diószegi 1978: 112, Bild 15.

182. Iwanow 1954: 646, Bild 89.

183. Nordiska Museet, Stockholm. Foto: István Rácz.

184. [A–B] Scheffer 1674: 50 und 56.

185. Scheffer 1674: 52. Ich habe die englische Ausgabe verwendet. Zum Weltmodell des Sami s. auch Pentikäinen 1984.

186. [A] Pentikäinen 1987: 25. Originalfoto und nach ihr angefertigte Zeichnung in: Manker 1950: 390. 1982 wurde von Juha Pentikäinen, Professor am Lehrstuhl für Vergleichende Religionswissenschaft an der Universität Helsinki, das wertvolle, nicht inventarisierte Objekt wiederentdeckt; vermutlich ist es die älteste erhaltene Schamanentrommel von den Lappen, gesammelt wohl von Thomas von Westen (1682–1727), dem „Apostel der Lappen“ – also Missionar – zu Beginn des 18. Jahrhunderts. [B] Manker 1950:II:112, Bild 31 mit Erklärung der Abb. S. 317. Friis 1871: Trommel Nr. 4 bei S. 34 mit Erklärungen. Zur Semantik der lappischen Schamanentrommeln: Strömbäck 1956, Sommarström 1987 und Material eines Symposiums 1988: Ahlbäck–Bergman (Hg.) 1991.

187. Ulus Kedirge, Volksgruppe Schoren. Altai. MAE-Fotoarchiv, 3646-86. Foto: I. D. Starinkewitsch. Vermutlich 20er Jahre.

188. Ulus (Dorf) Kedirge, Volksgruppe Schoren. Altai. MAE-Fotoarchiv, 3646-82. Foto: I. D. Starinkewitsch. Vgl. Baschilow 1984: 178, wo die Aufnahme einen späteren Augenblick desselben Rituals festhält.

189. Volksgruppe Chakassen/Katschin, Altai. MAE-Fotoarchiv, 3729-21. Foto: W. K. Serebjakow (1928).

190. Iwanow 1955: 13, Bild 2. Museum Minussinsk, Sawenkow-Archiv. Nr. 901.

191. Volksgruppe Karagassen/Tofa, Altai (südlich von Nishneudinsk). Die oft zitierte und publizierte Bildserie stammt wahrscheinlich von W. N. Wassiljew (1909). MAE-Fotoarchiv, 1488.188. Vgl. Diószegi 1968: 249–251.

192. Foto: J. Granö (1914). Ich habe es vom Fotoarchiv des Finnischen Nationalmuseums bekommen.

193. Foto im American Museum of Natural History. Die hier veröffentlichte Kopie stammt aus dem Finnischen Nationalmuseum. Inv.-Nr. VKK 104:1.

194. [A] Lommel 1965: 118. Herkunft und Entstehungszeit sind unbekannt. Museum für Völkerkunde, München, ohne Inv.-Nr. [B] Prokofjewa 1951, tabl. B, 25.2.b.

195. Szacsva, Komitat Háromszék (heute Rumänien). Foto: Márta Kocsi (1980). In Korond (heute Corund, Rumänien) habe ich selbst ein Ledersieb mit kreuzförmigen Löchern gefunden und fotografiert. Ausführlich s. Hoppál 1984.

196. Popow 1984: 142, Bild 25 [A]; ebenda 138, Bild 21 [B]; ebenda 140, Bild 23 [C].

197. Diószegi 1978 A:144, Bild 23. GME. 4721–25. Weissagung mit Pfeil und Bogen gab es nicht nur bei den Altaiern, sondern auch bei den finnisch-ugrischen Völkern.

198. Taube-Taube 1983: 104. Aus den Anmerkungen geht hervor, daß das Original der Abb. von Diószegi stammt.

199. Fotoarchiv des Budapester Museums für Völkerkunde, Negativ Nr. 39982.

200. [A] Schamanentrommel aus der Inneren Mongolei. Ausschnitt aus Bild 216. [B] Wdowin 1977: 120, Bild 1.

201. Campbell 1988: 176.306. Museum für Völkerkunde, München.

202. [A] Prokofjewa 1961.B: tabl. II.3. Volksgruppe Chanten. Sibirien, Ob. [B] Prokofjewa 1961.B:II.1. Volksgruppe Nenzen, Sibirien, Ob.
203. [A] Prokofjewa 1961.B: tabl. X.1. Enzen. [B] Iwanow 1954: 80. Bild 67.2.
204. [A] Iwanow 1954: 79, Bild 66. MAE, 5657-482. [B] Iwanow 1954, farbige Beilage, Bild 68. Beschreibung S. 81. Solche Geist-Darstellungen durfte nur ein Mann mit roter und schwarzer Farbe auf die Trommelbehälter malen.
205. [A] Prokofjewa 1961.B:486.2, [B] Prokofjewa 1961.B: tabl. 16.1.
206. [A] Iwanow 1954: 104, Bild 6.3; [B] Prokofjewa 1961.B, tabl. VIII.2; [C] Prokofjewa 1961.B: tabl. 14.3b. Weiteres bei Jankovics 1984 und Iwanow 1954: 170–171; [D] Prokofjewa 1961.B: tabl. 15.2b; [E] Prokofjewa 1961.B: tabl. XII.
207. [A] Prokofjewa 1961.B: tabl. 4.5; Iwanow 1954: 70, S. 55, Bild 1; [B] Iwanow 1954: 94, S. 85, Bild 1, nach Anutschin.
208. [A] Prokofjewa 1961.B:478, tabl. III.3; [B–C] Harva 1938: 528, Bild 91–92.
209. [A] Prokofjewa 1961.B: tabl. V.3; [B] Prokofjewa 1961.B: tabl. III.1; [C] Iwanow 1954: 594, Bild 43. Ebenda S. 495–496 ausführliche Erklärungen zur Trommel; [D] Prokofjewa 1961.B: tabl. 20.2.a; [E] Djakonowa 1984: 45, Bild 4.a.
210. [A] Iwanow 1954: 385, Bild 235. Gesammelt von B. A. Wassiljew für das Musej Narodow SSSR in den ersten Jahrzehnten des Jahrhunderts; [B] Iwanow 1954: 213, Bild 90. Museum Chabarowsk. Inv.-Nr. 8334; [C] Iwanow 1954: 316, Bild 168; [D] Prokofjewa 1961.B: tabl. 19.2.
211. Schefferus 1673. Den bei Ausgrabungen gefundenen, schön verzierten hammerartigen Schlegel beschreibt Zacharisson 1991.
212. [A] Sölkupisch. Djakonowa 1978: 331, Bild 4. Schlagfläche aus Wildziegenleder mit Metallplattenrassel 3 × 3 cm; [B] Nganassanisch. Popow 1984: 141, Bild 24.b. Drei kleine, kopfartige Einkerbungen besagen, daß der Schlegel beim Schamanisieren anläßlich einer Geburt verwendet wurde; [C] Ultscha. Taksami 1984: 79, Bild 3a. Auf der Rückseite des reich verzierten Schlegels Symbole der unteren Welt: Frosch, Echse und Schlange.
213. Flaherty 1992: 211, tabl. 23. Aus: V. Rechberg und Thotenlöwen 1812–1813.
214. Delaby 1969: 285, Bild 6. Über die Initiationsstufen bei den Burjaten s. Eliade 1964: 150.
215. [A] Burjatischer Stock mit Pferdekopf (morin khorbo). Delaby 1969: 281, Bild 2. Nach M. N. Changalow; [B] Mongolisch. Taube-Taube 1983: 96; [C] Ungarischer Schellenstock aus Zala. Nach Gyula Sebestyén; [D] Mongolisch. Taube-Taube 1983: 96; [E] Kisilischer Schamanenstock. Iwanow 1979 135, Bild 147; [F] Enzischer Schamanenstock mit Renhuf, geschmiedet.
216. Nationalmuseet, Kopenhagen, R XII-421. 1939 wurden bei einer Expedition in die Innere Mongolei Gegenstände gesammelt, die zu den ritualen Gerätschaften eines tschakarisch-mongolischen Schamenen gehörten.
217. [A] Gračeva 1980: 62, Bild 1; [B] Delaby 1969: 295, Bild 10. Ursprünglich Wajnstein 1961.
218. Anutschin 1914: 61, Bild 58–60. Länge der Eisenstäbe (Lanzen, Spieße) 95 bis 110 cm. In der Konstruktion vergleichbar mit dem Schmuck der Kopfbedekkung des „Goldenen Menschen“ von Kirgisien.
219. In: Folklore, Peking 1989:11:25. Foto: He Ling.
220. [A] Diószegi 1967, Bild 4. Museum Krasnojarsk, 162-1. Originelle Gedanken zur Thematik steuert bei Jankovics 1984; [B] Iwanow 1954: 71, Bild 5–6. GME 145-761/b. Interessant ist, daß sich die Sonne auf der dunklen und der Mond auf der hellen Seite befindet; offenbar ein Fehler.
221. [A] Harva 1938: 70, Bild 15; [B] Iwanow 1955: 20, Bild 2. Museum Minussinsk, Sawenkow-Archiv, Nr. 910; [C] Harva 1938: 533, Bild 97. Zeichnung nach Skizzen von Klementz. Vermutlich Trommeln der Sagaier aus dem Becken von Minussinsk.
222. Harva 1938: 44, Bild 6. Nach W. N.

Wassiljew. Dolgan-jakutische Sage zitiert nach Harva 1938: 480, ebenfalls nach W. N. Wassiljew (1909).

223. Aufgenommen 1992 im Anwesen des jakutischen Schauspielers und Choreographen J. D. Isbekow. Die Demonstration fand auf Wunsch des Filmteams statt. Foto: Péter Velciov.

224. Iwanow 1954: 144, Bild 41. MAE 2651-1. Die gleiche Reproduktion veröffentlicht Diószegi jedoch mit der MAE-Inv.-Nr. 1879-21. I/VIII.

225. Iwanow 1954: 549, Bild 9b. Ethnographische Sammlung des Museums Jakutsk.

226. Foto: Juha Pentikäinen (1991). Das Ritual wurde auf Video aufgenommen.

227. Dorf Nömögü, Unabhängige Republik Jakutien. Etwa 70 km von der Hauptstadt Jakutsk entfernt. Bei unserem dortigen Auenthalt – wir drehten mit Kameramann Lajos Nándorfi einen Dokumentarfilm – hielten gegen 13 Uhr drei Autos, und mindestens zehn Personen hinterließen kleine Geschenke am Baum; diese Geste hat jedoch großen symbolischen Wert. Foto: Mihály Hoppál (1992).

228. [A–B] Dorf Nömögü. Foto: Lajos Nádorfi (1992).

229. [A–C] Volksgruppe Orotschen, Mandschurei. Foto: Qui Pu (1963). Dem chinesischen Kollegen sei Dank gesagt für die Überlassung des Dokumentaraufnahmen.

230. [A–B] Dorf Chongtong, Kreis Yongji, Provinz Jilin, Nordostchina. Schamane des Klans Zhang, Totem Hanjun. Beim Filmen wurden unter fachlicher Anleitung des Ethnographen Fu Yuguang Diapositive angefertigt. Ausführlicher Bericht über die Dreharbeiten für den ethnographischen Film in der Mandschurei: Ski Kun 1991.

231. Kreis Yongji, Provinz Jilin, Nordostchina. Foto: Guo Shuyun (1991).

232. Klan Shikteli, Kreis Jiutai, Nordostchina. Name des Schamanen: Ski Ringshan. Foto: Zao Lijuan (1985).

233. [A–B] Afanassij Fjodorow, Schamane und Schauspieler. Foto: Mihály Hoppál (19. August 1992). Zu Problemen des weißen Schamanismus s. I. Dugarow 1991.

234. Aufführung des Nationaltheaters Jakutsk am 17. August 1992. Foto: Mihály Hoppál. Anläßlich einer internationalen Schamanismus-Konferenz wurde ein Stück gespielt, das die Weihe eines jungen Schamanen, die Heilung eines Kranken durch einen Schamanen und ein großes, gemeinsames Schamanenfest zeigte. Die Schauspieler trugen authentische Imitationen der im Museum verwahrten Gewänder, und da in Jakutien noch heute viele Schamanen aktiv sind, konnten sie von dienen Technik und Stil der Bewegungen, der Tänze, des Trommelns und des Singens lernen. Die Aufführung kann als glaubwürdige Fortsetzung der Traditionen gelten.

235. Die Aufnahme entstand im Anwesen des jakutischen Schauspielers Jakim Dmitrowitsch im Kreis Megino-Kangalask. Foto: Aisen Doidu (1989). Aus der Sammlung von Marjorie Mandelstam-Balzer.

SCHMUCKZEICHNUNGEN

S. 2: Tungusischer Schamane, Rückansicht. Georgi 1776, Bild 63.

S. 3: Ewenkische Trommel. Iwanow 1954: 168, Bild 61.2.

S. 4: Aus der Bronzezeit vom Fluß Ilim. Okladnikow-Saporoskaja 1959: 108, Bild 42.

S. 5: Schaman mit Trommel. Altai-türkische Schamanentrommel. Iwanow 1954: 646, Bild 89.1.

S. 10: Tölösische Schamanentrommel. Iwanow 1954: 649, Bild 91.

S. 183: Eisenbehang eines enzischen Schamanengewands, ex: Lükő 1942.

S. 185: Altai-türkische Schamanentrommel. Iwanow 1954: 646, Bild 89.6.

S. 187: „Himmelfahrt des Schaman". Bronzeidol, im 9–11. Jh. in der Gegend von Perm. Oborin–Tschagin 1988, Bild 12.

Literaturverzeichnis

AHLBÄCK, T.–BERGMAN, J. (eds.) 1911. *The Saami Shaman Drum.* (Scripta Instituti Donneriani Aboensis XIV.) Åbo-Stockholm: Almqvist-Wiksell

AKISCHEW, K. (ed.) 1833. *Drewne soloto Kasahstan.* Alma Ata: Isd. Oner

ALEKSEENKO, E. A. 1984. Some General and Specific Features in the Shamanism of the Peoples of Siberia. In HOPPÁL, M. (ed.) *Shamanism in Eurasia* 1:85–96. Göttingen: Herodot

ALEKSEEV, N. A. 1990. Shamanism among the Turkic Peoples of Siberia. In MANDELSTAM-BALZER, M. (ed.) *Shamanism* 49–109. Armonk–London: Sharpe

ANYISZIMOV, A. F. 1953. Az evenkik lélekképzetei és az animizmus keletkezésének problémája. *Szovjet Néprajztudomány,* No. 2–3: 88–98.

BÄCKMAN, L.–HULTKRANTZ, Å. 1978. *Studies in Lapp Shamanism.* (Stockholm Studies in Comparative Religion 16.) Stockholm

BAKAY, K. 1971. *Scythian Rattles in the Carpathian Basin and Their Eastern Connections.* Budapest: Akadémiai Kiadó

BÁNYAI, E. I. 1984. On the Technique of Hypnosis and Ecstasy: An Experimental Psychophysiological Approach. In HOPPÁL, M. (ed.) *Shamanism in Eurasia* I: 174–183. Göttingen: Herodot

BASILOV, V. N. 1978. Vestiges of Transvestism in Central-Asian Shamanism. In DIÓSZEGI, V.–HOPPÁL, M. (eds.) *Shamanism in Siberia* 281–289. Budapest: Akadémiai Kiadó

BASILOV, V. N. 1986. The Shaman Drum Among the Peoples of Siberia – Evolution of Symbolism. in LEHTINEN, I. (ed.) *Traces of the Central Asian Culture in the North* 35–51. Helsinki: Suomalais-Ugrilainen Seura

BASILOV, V. N. 1990. Chosen by the Spirits. In MANDELSTAM-BALZER, M. (eds.) *Shamanism* 3–48. Armonk–London: Sharpe

BEDE, A.–KŐHALMI, K. (ed.) 1974. *Sámándobok szóljatok.* Budapest: Európa

BOGORAS, W. 1907. *The Chukchee. Religion.* Publications of Jesup North Pacific Expedition. vol. VII. part II. Leiden – New York

BONGARD-LEVIN, G. M. – GRANTOWSKY, E. A. 1974. *Ot Skifii do Indii.* Moskau: Mjosl

BRENTJES, B. 1982. *Der Tierstil in Eurasien.* Leipzig: VEB E. A. Seemann Verlag

BUSCHAN, G. (é. n.) *Die Sitten der Völker.* vol. I–III. Stuttgart–Berlin–Leipzig: Union Deutsche Verlagsgesellschaft

CAMPBELL, J. 1988. Shamanic Lore of Siberia and the Americas. in CAMPBELL, J. *Historical Atlas of World Mythology. Vol. 1. The Way of the Animal Powers. Part 2 Mythologies of the Great Hunt.* 156–191. New York: Harper and Row

CARTER-COVELL, J. 1981. *Korea's Cultural Roots.* Salt Lake City – Seoul: Moth House – Hollym

CHO, HUNG-YOUN 1982. *Koreanischer Schamanismus.* Hamburg: Museum für Völkerkunde

COVELL, A. 1986. *Folk Art and Magic: Shamanism in Korea.* Seoul: Hollym

DELABY, L. 1969. À propos des cannes checalines du Musée de l'Homme. *Objects et mondes* IX:3:279–296.

DIÓSZEGI, V. 1962. *Samanizmus.* Budapest: Gondolat

DIÓSZEGI, V. 1967. *A pogány magyarok hitvilága.* Budapest: Akadémiai Kiadó

DIÓSZEGI, V. 1968. *Tracing Shamans in Siberia: The Story of an Ethnographical Research Expedition.* Oosterhut: Anthropological Publications

DIÓSZEGI, V. 1968. A. The Problems of the Ethnic Homogeneity of Tofa (Karagas) Shamanism. In DIÓSZEGI, V. (ed.) *Popular Beliefs and Folklore Traditions in Siberia* 239–329. Budapest: Akadémiai Kiadó

DIÓSZEGI, V. 1968. B. The Three-Grade Amulets among the Nanai (Golds). In DIÓSZEGI, V. (szerk.) *Popular Beliefs and Folklore Tradition in Siberia* 387–405. Budapest: Akadémiai Kiadó

DIÓSZEGI, V. 1974. Shamanism. In *Encyclopaedia Britannica* 16:638–641. London

DIÓSZEGI, V. 1978. A. Pre-Islamic Shamanism of the Baraba Turks and Some Ethnogenetic Conclusion. In DIÓSZEGI, V.–HOPPÁL, M. (eds) *Shamanism in Siberia* 83–167. Budapest: Akadémiai Kiadó

DIÓSZEGI, V.–HOPPÁL, M. (eds.) 1978. *Shamanism in Siberia* Budapest: Akadémiai Kiadó

DJAKONOVA, V. P. 1978. The Vestments and Paraphernalia of a Tuva Shamaness. In DIÓSZEGI, V.–HOPPÁL, M. (eds.) *Shamanism in Siberia* 325–339. Budapest: Akadémiai Kiadó

DONNER, K. 1918. *Bland samojeder i Sibirien* (1911–1913, 1914) Helsingfors: Söderström

DONNER, K. (é. n.) *Among the Samoyed in Siberia.* New-Haven: Human Relations Area Files

DRURY, N. 1989. *Elements of Shamanism.* Longmead: Elements Books

ELIADE, M. 1961. Recent Works on Shamanism: a Review Article. *History of Religion* I: 1: 152–186.

ELIADE, M. 1974. *Shamanism: Archaic Techniques of Ecstasy.* (Bollingen Series LXXVI.) Princeton: Princeton University Press. (Second Paperback printing)

ELIADE, M. 1987. Shamanism an Overview. In ELIADE, M. (szerk.) *The Encyclopedia of Religion*, vol. 13:202–208. New York: MacMillan

FINSCH, O. 1879. *Reise nach West-Sibirien im Jahre 1876*. Berlin: E. Wallroth Verlag

FLAHERTY, G. 1992. *Shamanism and the Eighteenth Century*. Princeton, N. J.: University Press

FRIIS, J. A. 1871. *Lappisk Mythologi, Eventyr og Folkesagn*. Christiania

GEORGI, J. G. 1776. *Beschreibung aller Nationen des Russischen Reichs ihrer Lebensart, Religion, Gebräuche, Wohnungen, Kleidungen und übrigen Merkwürdigkeiten*. – St. Petersburg: Müller

GMELIN, S. G. 1784. *Reise durch Russland zur Untersuchung der drei Natur-Reiche*. St. Petersburg: Kaiserliche Akademie der Wissenschaften

GRAČEVA, G. N. 1978. A Nganasan Shaman Costume. In DIÓSZEGI, V.–HOPPÁL, M. (eds.) *Shamanism in Siberia* 315–323. Budapest: Akadémiai Kiadó

GRAČEVA, G. N. 1989. Nganasan and Enets Shamans' Wooden Masks. In HOPPÁL, M.–SADOVSZKY, O. (ed.) *Shamanism: Past and Present*. Part 1:145–153. Budapest–Los Angeles/Fullerton: ISTOR Books 1–2.

GRANÖ, J. G. 1919. *Altai. Upplevelser och iakttagelser under mina andringsär. 1. Förland och skoogar*. Helsingfors

GREVE, R. 1981/82. A Shaman's Concept of Illness and Healing Rituals in the Mustang-District, Nepal. *Journal of the Nepal Research Center* 5:35–49. Kathmandu

GRIBOVA, L. SZ. 1980. A permi állatstílus jellemzése. in HOPPÁL, M. (ed.) *A Tejút fiai – Tanulmányok a finnugor népek hitvilágáról* 134–159. Budapest: Európa Kiadó.

HALIFAX, J. 1982. *Shaman: The Wounded Healer* London: Thames and Hudson

HALLA, PAI HUHN 1980. *Kut – Korean Shamanist Risutals*. Seoul–Elisabeth, New Yersey: Hollym International

HAMAYON, R. 1990. *La chasse à l'àme – Esquisse d'une theorie du chamanisme sibirien*. Nanterre: Société d'ethnologie

HAMAYON, R. 1992. Game and Games, Fortune and Dualism in Siberian Shamanism. In HOPPÁL, M.–PENTIKÄINEN, J. (eds.) *Northern Religions and Shamanism* 134–137. Budapest–Helsinki: Akadémiai Kiadó–Finnish Literature Society

HARNER, M. 1980. *The Way of the Shaman – A Guide to Power and Healing*. San Francisco: Harper and Row

HARVA, M. 1938. *Die religiösen Vorstellungen der altaiischen Völker*. FFC No. 125. Porvoo–Helsinki

HEISSIG, W. 1980. *The Religions of Mongolia*. London–Henley: Routledge and Kegan Paul

HILDÉN, K. 1916. Om shamanismen: Altai, speciellt bland Lebedtatarevna. *Terra, Geografika Föreningens Tidskrift* 27: 123–150.

HITCHCOCK, J. T.–JONES, R. L. (eds.) 1976. *Spirit Possession in the Nepal Himalayas*. Warminster: Aris and Phillips Ltd

HOLMBERG, U. 1922. *The Shaman Costume and Its Significance*. Turku: Annales Universitatis Fennicae Aboensis, Series B. Tom 1. No. 2.

HONKO, L. 1969. Role Taking of the Shaman. *Temenos* 4: 26–55.

HOPPÁL, M.–TÖRŐ, L. 1975. Népi gyógyítás Magyarországon – Ethnomedicine in Hungary. In ANTALL, J.–BUZINKAY, G. (eds.) *Communicationes de Historia Artis Medicinae* 7–8: 13–176. Budapest

HOPPÁL, M. (ed.) 1984. *Shamanism in Eurasia*. vol. 1–2. Göttingen: Herodot

HOPPÁL, M. 1984. Traces of Shamanism in Hungarian Folk Beliefs. In HOPPÁL, M. (ed.) *Shamanism in Eurasia* 2: 430–449. Göttingen: Herodot

HOPPÁL, M. 1985. Shamanism and the Siberian Rock Art. In: DIENES, I. et alii (red.) *Studia Hungarica* 207–222. (CIFU 6. Syktyvkar) Budapest: Nemzetközi Magyar Filológiai Társaság

HOPPÁL, M. 1989. Changing Image of the Eurasian Shaman. in HOPPÁL, M.–SADOVSKY, O. (eds.) *Shamanism: Past and Present* 1:74–90. Budapest–Los Angeles, Fullerton: ISTOR Books

HOPPÁL, M. 1992. Ethnographic Films on Shamanism. In SIIKALA, A. L.–HOPPÁL, M.: *Studies on Shamanism* 182–196. Helsinki–Budapest: Akadémiai Kiadó

HOPPÁL, M.–PENTIKÄINEN, J. (eds.) 1992. *Northern Religions and Shamanism*. (Ethnologica Uralica, vol. 3.) Budapest–Helsinki: Akadémiai Kiadó–Finnish Literature Society

HOPPÁL, M.–HOWARD, K. (eds.) 1993. *Shamans and Cultures*. Budapest–Los Angeles: ISTOR Books

HULTKRANTZ, Å. 1973. A Definition of Shamanism. *Temenos* 9:25–37.

HULTKRANTZ, Å. 1978. Ecological and Phenomenological Aspects of Shamanism. In DIÓSZEGI, V.–HOPPÁL, M. (eds.) *Shamanism in Siberia* 27–58. Budapest: Akadémiai Kiadó

HULTKRANTZ, Å. 1984. Shamanism and Soul Ideology. In HOPPÁL, M. (ed.) *Shamanism in Eurasia* 1: 28–36. Göttingen: Herodot

IVANOV, SZ. V. 1975. *Ancient Masks of Siberian Peoples*. (Photographs by V. A. STUKALOV) Leningrad: Aurora Art Publishers

JANHUNEN, J. 1989. On the Role of the Flying Squirrel in Siberian Shamanism. In HOPPÁL, M.–SADOVSZKY, O. (eds.) *Shamanism: Past and Present* 1:184–190. Budapest–Los Angeles/Fullerton: ISTOR Books

JANKOVICS, M. 1984. Cosmic Models and Siberian Shaman Drums. In: HOPPÁL, M. (ed.) *Shamanism in Eurasia* 1: 149–173. Göttingen: Herodot

JETTMAR, K. 1967. *Art of the Steppes*. New York: Crown Publ. Inc.

JOCHELSON, W. 1908. *The Koryak.* The Jesup North Pacific Expedition, vol. VI. p. I–II. Leiden: Brill–New York: Stechert

JOHANSEN, U. 1987. Zur Geschichte des Schamanismus. In HEISSIG, W.–KLIMKEIT (eds.) *Synkretismus in den Religionen Zentralasiens* 8–22. Wiesbaden: Harrasowitz

KARJALAINEN, K. F. 1922. *Die Religion der Jugra Völker* FFC. 44. Povoo: Suomalaonen Tredeakatemia Helsinki

KENIN-LOPSAN, M. B. 1978. The Funeral Rites of Tuva Shamans. In DIÓSZEGI, V.–HOPPÁL, M. (eds.) *Shamanism in Siberia* 291–298. Budapest: Akadémiai Kiadó

LANKENAU, H. VON 1872. Die Schamanen und das Schamanenwesen. *Globus* XXII: No. 18: 278–283.

LÁSZLÓ, GY. 1976. Különvélemény ősvallásunkról. *Új Írás* XVI: 6:59–68.

LEEM, K. 1767. *Beskrivelse over Finnmarkens Lapper, deres Tungemaal, Levemaade og forrige Afgusdyr Kelse.* København

LEROI-GOURHAN 1964. *Les religions de la préhistoire.* Paris: Presse Universitaire de la France

LEWIS, I. M. 1981. What is a Shaman? *Folk* 23: 25–35.

LINDGREN, E. J. 1935. The Shaman Dress of the Dagurs, Solons, and Numinchens in N. W. Manchuria. In *Hullningskrift tillägnad Sven Hedin pa hans 70-arsdag* 365–378. Stockholm

LOMMEL, A. 1965. *Schamanen und Medizinmänner. Magie und Mystik früher Kulturen.* München: Callwey

LOT-FALCK, E. 1977. Le costume de chamane Toungouse du Musée de l'Homme. *Études mongoles* 8:19–71.

LÖNNQVIST, B. 1985. Schamandräkter i Sibirien. Former och funktioner, alder och ursprung. *Finskt Museum* 92:81–94.

LÜKŐ, G. 1942 *A magyar lélek formái.* Budapest: Exodus

MANDELSTAM-BALZER, M. M. 1983. Doctors or Deceivers? The Siberian Khanty Shaman and Soviet Medicine. in ROMANUCCI-ROSS, L. (et alii) *The Anthropology of Medicine* 54–76. Massachusetts: Bergin Publ.

MANDELSTAM-BALZER, M. (ed.) 1990. *Shamanism – Soviet Studies of Traditional Religion in Siberia and Central Asia.* Armonk–London: Sharpe

MANKER, E. 1950. *Die lappische Zaubertrommel.* vol. 2. (Acta Lapponica 6.) Stockholm

MARTYNOV, A. I. 1991. *The Ancient Art of Northern Asia.* Urbana–Chicago: University of Illinois Press

MASTROMATTEI, R. 1989. Shamanism in Nepal: Modalities of Ecstatic Experience. In HOPPÁL, M.–SADOVSZKY, O. (eds.) *Shamanism: Past and Present* 2:203–217. Budapest–Los Angeles/Fullerton: ISTOR Books

MERCIER, M. 1977. *Chamanisme et chamans.* Paris: P. Belfond

MIKHAILOV, T. M. 1990. Buryat Shamanism: History, Structure, and Social Functions. In MANDELSTAM-BALZER, M. (eds.) *Shamanism* 110–119. Armonk–London: Sharpe

NAGY, L. 1978. *Versek és versfordítások* I. Budapest: Magvető

NÉMETH, GY. 1940. *Attila és hunjai.* Magyar Szemle VIII.3.

NIORADZE, G. 1925. *Der Schamanismus bei den sibirischen Völkern.* Stuttgart: Stecker und Schröder

NISAN SÁMÁNNŐ 1987. *Mandzsu vajákos szövegek.* Ausgewählt, übersetzt und Nachwort von: Kornélia Melles. Budapest: Helikon

NOVIK, E. S. 1990. Ritual and Folklore in Siberian Shamanism: Experiment in a Comparison of Structures. In MANDELSTAM-BALZER, M. (eds.) *Shamanism* 121–185. Armonk–London: Sharpe

NOWAK, M.–DURRANT, S. 1977. *The Tale of the Nishan Shamaness.* Seattle–London: University of Washington Press

OKLADNIKOV, A. P. 1981. *Ancient Art of the Amur Region.* Leningrad: Aurora

OPPITZ, M. 1992. Drawings on Shamanic Drums. In *Anthropology and Aesthetics* 22:63–81

PAIS, D. 1975. *A magyar ősvallás nyelvi emlékeiből.* Budapest: Akadémiai Kiadó

PENTIKÄNEN, J. 1984. The Sami Shaman – Mediator Between Man and Universe. In HOPPÁL, M. (ed.) *Shamanism in Eurasia* I: 125–148. Göttingen: Herodot

PENTIKÄINEN, J. 1987. The Shamanic Drum as Cognitive Map – The Historical and Semiotic Study of the Saami Drum in Rome. In GOTHÓNI, R.–PENTIKÄINEN, J. (eds.) *Mythology and Cosmic Order* 17–36. Helsinki: Suomalaisen kirjallisuuden Seura

PITT, M. 1680–83. *English Atlas ... with a General Introduction to Geography.* vol. I–5. Oxford

POTAPOV, L. P. 1968. Shamans' Drums of Altaic Ethnic Groups. In DIÓSZEGI, V. (ed.) *Popular Beliefs and Folklore Traditions in Siberia* 205–243. Budapest: Akadémiai Kiadó

POTAPOV, L. P. 1978. The Shaman Drum as a Source of Ethnographical History. In DIÓSZEGI, V.–HOPPÁL, M. (eds.) *Shamanism is Siberia* 169–180. Budapest: Akadémiai Kiadó

POZZI, A. 1992. *Manchu-Shamanica Illustrata* Die mandschurische Handschrift 2774 der Töyöbunka Kenkyusho Tököyö Daigaku. (Shamanica Manchurica Collecta. Ed. G. Stary) Wiesbaden: Otto Harrassowitz

PROKOFJEVA, E. D. 1963. The Costume of an Enets Shaman. In MICHAEL, H. N. (ed.) *Studies in Siberian Samanism* 124–125. Toronto: Artic Institute of North America

QUI PU 1982. *The Oroqens – China's Nomadic Hunters*. Beijing: Foreign Language Press

RADLOFF, W. 1884. *Aus Sibirien: Lose Blätter aus dem Tagebuche eines reisenden Linguisten*. Leipzig

RATZEL, F. 1885–88. *Völkerkunde*. Bd. 1–2. Berlin–Leipzig: Verlag des Bibliographischen Instituts

RÁCZ, I. 1980. *Finno-Ugric Folk Art*. Budapest: Corvina

RECHBERG, V.-ROTHENLÖWEN, K. 1812. *Les Peuples de la Russie*... (2 vols.) Paris

RHEEN, S. 1897. En kortt Relation om Lapparnes Lefwarne och Sedher, Wijdskiepellsser, sampt i många Stycken Grofwe wildfarellsser (ed. by K. B. Wiklund) *Bidrag till kännedom om de svenska landsmalen och svenskt folkliv*, 17, 1. Uppsala

RINTCHEN 1955. À propos du chamanisme mongol. Le culte de l'ongon Dayan degereki chez les Mongols Khotougaites des Kossogol. *Studia Orientalia*, XVIII:4:8–16. Helsinki

SALADIN D'ANGLURE, B. 1992. Rethiking Inuit Shamanism Through the Concept of Third Gender. In HOPPÁL, M.-PANTIKÄINEN, J. (eds.) *Northern Religions and Shamanism* 146–150. Budapest–Helsinki: Akadémiai Kiadó – Finnish Literature Society

SCHEFFER, J. 1674. *The History of Lapland wherein are shewed the Original Manners, Habits, Marriages, Conjurations etc. of that People*. At the Theater in Oxford

SCHEFFERUS, J. 1673. *Lapponia*. – Frankfurt. New edition 1956. Uppsala

SEBESTYÉN, GY. 1902. *Regős énekek*. Budapest: Athenaeum

SHI KUN 1991. Flying Drums, Dancing Shamans: Shamanic Practices Among the Manchu of Nothern China. *Shaman's Drum* No. 25:22–29.

SHIROKOGOROFF, S. M. 1935. *Psychomental Complex of the Tungus*. London: Kegan Paul, Trench, Trubner

SIIKALA, A. L. 1978. *The Rite Technique of the Sibnerian Shaman*. FFC No. 220. Helsinki

SIIKALA, A. L. 1987. Siberian and Inner Asian Shamanism. In: ELIADE, M. (ed.) *The Encyclopaedia of Religion*, vol. 13:208–215. New York: Macmillan

SIIKALA, A. L.-HOPPÁL, M. 1992. *Studies on Shamanism*. Helsinki–Budapest: Finnish Anthropological Society–Akadémiai Kiadó

SOMMARSTRÖM, B. 1987. Ethnoastronomical Perspectives on Saami Religion. In AHLBÄCK, T. (szerk.) *Saami Religion* 211–250. Scripta Instituti Donneriani Aboensis 12. Abo–Stockholm: Almqvist–Wiksell

STADLING, J. 1912. *Shamanismen i norra Asien*. Stockholm

STARY, G. 1992. *Das „Schamanenbuch" der Shibe-Mandschuren*. Wiesbaden: Otto Harrasowitz

STOLZ, A. 1988. *Schamanen: Ekstase und Jenseitssymbolik*. Köln: Du Mont

STRÖMBÄCK, D. 1956. The Realm of the Dead on the Lapish Magic Drums. *Arctica*, 11:216–220.

TAEGON, KIM. 1989. *Painting of Shaman Gods of Korea*. Seoul: Youl Hwa Dang Publ.

TAUBE, E.-TAUBE, M. 1983. *Schamanen und Rhapsoden. Die geistige Kultur der alten Mongolie*. Leipzig: Koehler-Amelang

VAJDA, L. 1959. Zur phaseologischen Stellung des Schamanismus. *Ural-Altaische Jahrbücher* 31: 456–485.

VAJNSTEJN, S. I. 1968. The Tuvan (Soyot) Shaman's Drum and the Ceremony of its ‚Enlivening'. In: DIÓSZEGI, V. (ed.): *Popular Beliefs and Folklore Tradition in Siberia* 331–338. Budapest: Akadémiai Kiadó

VOIGT, V. 1977. Shamanism in Siberia (A Sketch and a Bibliography) *Acta Ethnographica* 26: 385–395.

WIERCINSKI, A. 1989. On the Origin of Shamanism. In HOPPÁL, M.-SADOVSZKY, O. (eds.) *Shamanism: Past and Present* 1:19–23. Budapest–Los Angeles/Fullerton: ISTOR Books

WITSEN, N. 1672 (1785)² *Noord en Ost Tartarye*. Amsterdam

ZACHARISSON, I. 1991. The Saami Shaman Drum – Some Reflexions from an Archeological Perspective. In AHLBACK, T.-BERGMAN, J. (eds.) *The Saami Shaman Drum* 80–95. Åbo–Stockholm: Almqvist–Wiksell

RUSSISCHE LITERATUR

АВИЖАНСКАЯ, С. А. 1989. *Государственный Музей Этнографии Народов СССР, Ленинград*. Ленинград: Аврора.

АКИШЕВ, К. (сост.) 1983. *Древнее золото Казахстана*. Алма-Ата: Онер.

АЛЕКСЕЕНКО, Е. А. 1984. Этнокультурные аспекты изучения шаманства у кетов. in: ТАКСАМИ, Ч. М. (ред.) *Этнокультурные контакты народов Сибири* 50–72. Ленинград: Наука.

АНУЧИН, В. И. 1914. Очерк шаманства у енисейских остяков. *Сборник Музея антропологии и этнографии при Императорской Академии Наук*, том II: 2. С.-Петербург.

БАСИЛОВ, В. Н. 1977. *Новые сведения о шаманском*

бубне узбеков. Полевые исследования Института Этнографии, 1975. Москва: Наука.

БАСИЛОВ, В. Н. 1984. *Избранники духов*. Москва: Политиздат.

БОНГАРД-ЛЕВИН, Г. М.–ГРАНТОВСКИЙ, Э. А. 1974. *От Скифии до Индии – Загадки истории древних ариев*. Москва: Мысль.

ВАСИЛЬЕВ, В. Н. 1909. Изображения долгано-якутских духов как атрибуты шаманства. *Живая старина*.

ВАЙНШТЕЙН, С. И. 1961. *Тувинцы-тоджинцы. Историко-этнографические очерки*. Москва: Изд. Восточной литературы.

ВДОВИН, И. С. 1977. Религиозные культы чукчей. *Сборник Музея антропологии и этнографии*. Том XXXIII: 117–171. Ленинград: Наука.

ВДОВИН, И. С. (отв. ред.) 1981. *Проблемы истории общественного сознания аборигенов Сибири* (по материалом второй половины 19.–начала 20. в.) Ленинград: Наука.

ВОЛКОВА, М. П. 1961. *Nisan samani bithe*. (Предание о Нисанской шаманке). Москва: Наука.

ЛОПАТИНЬ, И. А. 1922. *Гольды. Амурскіе, Уссурійскіе и Сунгарійскіе*. Владивостокь.

ГРАЧЕВА, Г. Н. 1980. Таймырские коллекции МАЭ (долганы и нганасаны). *Сборник Музея антропологии и этнографии*. Том XXXV: 57–64. Ленинград: Наука.

ДЕВЛЕТ, М. А. 1980. *Петроглифы Мугур-Саргола*. Москва: Наука.

ДУГАРОВ, Д. С. 1991. *Исторические корни белого шаманства на материале обрядового фольклора бурят*. Москва: Наука.

ДЪЯКОНОВА, В. П. 1984. Некоторые этнокультурные параллели в шаманстве тюркоязычных народов Саяно-Алтая. in: ТАКСАМИ, Ч. М. (ред.) *Этнокультурные контакты народов Сибири* 30–48. Ленинград: Наука.

ИВАНОВ, С. В. 1954. Материалы по изобразительному искусству народов Сибири XIX – начала XX в. *Труды Института этнографии*. Вып. XXII. Москва–Ленинград: Академия наук.

1955. К вопросу о значении изображений на старинных предметах культа у народов Саяно-Алтайского нагорья. *Сборник Музея антропологии и этнографии*. Том XVI: 165–264.

1979. *Скульптура алтайцев, хакасов и сибирских татар*. Ленинград: Наука.

КЕНИН-ЛОПСАН, М. Б. 1987. *Обрядовая практика и фольклор тувинского шаманства*. Новосибирск: Наука.

КЫЗЛАСОВ, Л. Р.–ЛЕОНТЕВ, Н. В. 1980. *Народные рисунки хакасов*. Москва: Наука.

МАЗИН, А. И. 1984. *Традиционные верования и обряды эвенков-орочонов (конец XIX–начало XX в.)*. Новосибирск: Наука.

ОБОРИН, В. А.–ЧАГИН, Г. Н. 1988. Чудские древности Рифея. *Пермский звериный стиль*. (The Animal Style of Perm). Пермь: Пермское книжное издательство.

ОКЛАДНИКОВ, А. П. 1955. *Неолит и бронзовый век Прибайкала*. Том 3. Москва–Ленинград: Наука.

ОКЛАДНИКОВ, А. П.–ЗАПОРОЖСКАЯ, В. Д. 1970. *Петроглифы Забайкала*. Ленинград: Наука.

ОКЛАДНИКОВ, А. П.–МАРТИНОВ, А. Т. 1972. *Сокровища Томских писаниц*. Москва: Искусство.

ОКЛАДНИКОВ, А. П.–МАЗИН, Н. Н. 1979. *Писаницы бассейна реки Алдан*. Новосибирск: Наука.

ПЕЛИХ, Г. И. 1972. *Происхождение селькупов*. Томск: Изд. Томского Университета.

ПОПОВ, А. А. 1936. *Тавгийцы. Материалы по этнографии авамских и ведеевских тавгийцев*. Москва–Ленинград.

1984. *Нганасаны. Социальное устройство и верования*. (Ред. Г. Н. Грачева–Ч. М. Таксами.) Ленинград: Наука.

ПОТАПОВ, Л. П. 1991. *Алтайский шаманизм*. Ленинград: Наука.

ПРОКОФЬЕВА, Е. Д. 1949. Костюм селькупского шамана. *Сборник Музея антропологии и этнографии*. Том XI: 335–375. Москва–Ленинград.

1961/а Представления селькупских шаманов о мире (по рисункам и акварелям селькупов). *Сборник Музея антропологии и этнографии*. Том XX: 54–74. Москва–Ленинград.

1961/б Шаманские бубны. *Историко-этнографический атлас Сибири*, 435–490. Москва–Ленинград.

ТАКСАМИ, Ч. М. 1984. Общие черты в духовной културе народов Приамурья и Сахалина. in: ТАКСАМИ Ч. М. (ред.) *Этнокультурные контакты народов Сибири* 74–83. Ленинград: Наука.

ХАМЗИНА, Е. А.–ИМЕНОХОЕВ, Н. В. 1981. Два шаманских погребения из Кижинги. in: ГЕРАСИМОВА, К. М. (отв. ред.) *Буддизм и традиционные берования народов Центральной Азии* 84–109. Новосибирск: Наука.

ХОМИЧ, Л. В. 1981. Шаманы у ненцев. ВДОВИН, В. В. *(ред.): Проблемы истории общественного сознания аборигенов Сибири*. 5–41. Ленинград: Наука.

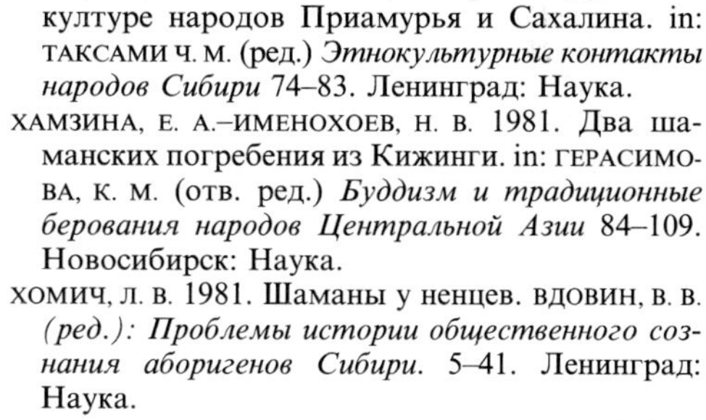

Namens- und Sachverzeichnis

Danksagung

Mit meinem Buch möchte ich allen Zeichnern und Fotografen danken, die die Bilder angefertigt haben; vor allem aber möchte ich den vielen namenlosen Schamanen danken, die überall in Eurasien ihren uralten Glauben bis in unsere Tage bewahrt haben.

Dank gebührt allen, die diese Arbeit mit Fotos, mit Sonderdrucken ihrer Artikel und Aufsätze, mit persönlicher Kritik und Beratung unterstützt haben, und zwar: R. Austerlitz, M. Balzer, W. N. Baschilow, L. Bäckman, L. Boglár, T. Bulgakowa, R. E. Chavers, A. Cserbák, F. Cservenka, L. Czigány, D. Barsbold, Gy. Décsy, L. Delaby, M. Dobkin de Rios, S. Dölle, Fu Yu-guang, E. A. Gaer, I. N. Gemuev, R. Gilberg, F. Goodman, G. N. Gračeva, R. Greve, A. Guillemoz, Guo Shuyun, E. Haider, R. Hamayon, M. Harner, R.-I. Heinze, J. Horwitz, Qin Hui, Å. Hultkrantz, H. Ilomäki, M. Jankovics, Kim Taegon, L. Kunkovács, L. Kupersmidt, H. Lappalainen, L.-G. Larson, L. Luna, G. Maskarinec, R. Mastromattei, K. McKechnie, L. Meri, T. M. Mikhajlow, È. Mikus, L. Nádorfi, A. Nagy, Narambilik, F. Neményi, R. Noll, E. S. Novik, E. A. Okladnikowa, M. Oppitz, A. Oskin, J. Pentikäinen, I. Rácz, P. Rekdal, E. Rewunenkowa, L. Romanucci-Ross, H. Rydving, O. von Sadovszky, A. M. Schagalaew, T. Sem, A.-L. Siikala, B. Simčenko, D. Sinor, B. Sommarström, J. Soós, C. M. Taksami, A. W. Tarmajewa, A. I. Terjukow, P. Uccusić, S. Vainstein, L. Vajda, G. Vargyas, P. Velciov, P. Veres, V. Voigt, Wang Honggang, J. Wasilewski, A. Wierciński, E. Winter, T. Sherebina, E. Zolla.

Gedankt sei ferner den Einrichtungen, die mir bei meinen Forschungen behilflich waren und aus ihren Sammlungen wertvolle Stücke zur Verfügung stellten:

American Museum of Natural History (New York), Institute of History, Archeology and Literature of the Buryat Academy of Sciences (Ulan-Ude), National Museum of Denmark, Department of Ethnography (Copenhagen), Donnerska Institute (Turku-Åbo), Chinese Academy of Social Sciences (Peking), Etnografiska Museet (Oslo), Field Museum (Chicago), Finnish Literature Society (Helsinki), Institute for Nationality Studies (Changchun), Korean Science and Engineering Foundation (Seoul), Ungarisches Museum für Völkerkunde (Budapest), Ungarische Akademie der Wissenschaften, Institut für Ethnographie (Budapest), Musée de l'Homme (Paris), Musej Istorii Religii (St. Petersburg), Nordiska Museet (Stockholm), Russische Akademie der Wissenschaften, Institut für Ethnographie (Moskau, St. Petersburg, Nowosibirsk), Suomen Kansalismuseo (Helsinki), University Museum of Archeology and Anthropology (Cambridge), Museum für Völkerkunde (München).